運のいい人だけが知っていること

HAPPINESS IS THE WAY

ウエイン・W・ダイアー
山川紘矢／山川亜希子［訳］

三笠書房

物事の見方を変えた時、
あなたの見ていたものが変わります。

いつでも、人生で最高のことをしている自分、
最高のものを持っている自分の姿を
想像してください。そして、
「私にとって、物事はすべてうまくいく」
という期待と確信を持つこと。

なぜなら、すべてのことは、
あなたがそう思えば、そうなるからです。

◆訳者の言葉

人生の「究極の学び」について教えてくれる本

山川紘矢
山川亜希子

今回、ウエイン・W・ダイアー博士の本を翻訳することができて、とても嬉しく思っています。なぜならば、ダイアーさんには、私たちと同じ頃に生まれ、同じ時代を生き、同じような意識を持っている人だという親しみを、ずっと感じていたからです。

ダイアーさんは、二〇一五年八月に心臓発作でお亡くなりになりました。彼の突然の死はとても残念ですが、そのエネルギッシュな長年にわたる活躍ぶりを見れば、やるべきことをすべてやり終えて、あちら側に帰っていったように思います。

彼は、晩年はハワイのマウイ島に住み、とてもスピリチュアルな生活をしていたようです。その人生で四十冊以上の本を著し、それらは世界中の言葉に翻訳されました。また、アメリカ、カナダはもちろんのこと、オーストラリア、ヨーロッパなど多くの国で、ユーモアいっぱいの講演を行ない、多くの人々を楽しませ、貴重なインスピレーションを与えました。まさに人生の生き方を教える「教師」そのものでした。

晩年には『ザ・シフト』という映画にも出演し、にこやかに自分自身の役をごく自然に演じていました。それこそ普通の人の何十倍も活躍したと言っても過言ではないでしょう。また、家庭人としてはよき父親として、八人もの子どもを育て上げています。

本書はダイアーさんの死後、ヘイ・ハウス社のオーディオテープを元に編纂《へんさん》された本です。亡くなってからもこのように本が編纂され、出版されるということは、彼の教えが普遍的であり、時代を超えて誰の人生にも役に立つものであることを物語っています。

実のところ、私たちにとっても偉大な先生でした。彼の著書を今までに三冊翻訳しましたが、そのたびにダイアーさんの積極性と行動力、エネルギーの強さ、意志の強さ、多くの人に対する深い愛に、大いに触発されました。まさに全世界レベルの偉大な教師だったと思います。あらためて彼のご冥福《めいふく》を祈り、感謝の意を表明したいと思います。

ここで簡単に彼の略歴をたどってみたいと思います。

ウエイン・ダイアー博士は一九四〇年五月十日、ミシガン州デトロイトに生まれました。男ばかりの三人兄弟の末っ子でした。子どもの頃から利発で、賢い子どもだったのですが、彼の人生は逆境と呼んでもよいほど厳しいものでした。

父親は、妻と子ども三人を置いて家出してしまいました。父親は養育費を払ってくれなかったので、家は貧しくて幼い頃から彼は他人の家に預けられたり、孤児院で過ごしたりしなければなりませんでした。

母親が再婚した後に実家に戻りますが、継父《ままちち》もまた酒飲みで決してよい父親ではなかったようです。

ダイアーさんは高校を卒業しても、大学進学などは、夢のまた夢というほど、経済的には恵まれていませんでした。そこで、自ら海軍に志願し、四年間軍人として訓練を受けました。その訓練は非常に厳しかったのですが、人生に前向きに取り組み、反骨精神の旺盛な彼は、そこから多くを学びました。優秀な成績を残しています。

ところが彼には別の夢がありました。教師になる夢です。そして、自分の夢に従って本当になりたいものになるのだと決心した彼は、政府から支給される給料の九〇パーセントを貯金し、大学に入る準備を進めました。お金は貯まりましたが、高校で十分いい成績を残さなかったため、大学入学は簡単なことではなかったそうです。それでも彼はなんとか、ウエイン州立大学に入学できました。その時の喜びはとても大きかったそうです。

大学で夢中になって勉強をして、彼は最終的には心理学を学び博士号を取りました。その後、デトロイトの高校や大学で教師の仕事に就《つ》いていましたが、一年後、ニューヨークの大学から誘われて、デトロイトからニューヨークに移りました。

ニューヨークではセント・ジョーンズ大学の准教授になったのです。そこではカウンセラーとして、多くの学生の進路決定の手助けをしたそうです。

大学で教えるのは安定したよい仕事でしたが、自分がそれ以上に好きなこと、やりたいことがあることに彼は気づいていました。それは書くこと、そして学生だけでなく、普通の多くの人に自分が学んだことを教えることでした。特に、時間があれば、何かを書いていました。それほど、彼は書くことが好きだったのです。

まず、学生だけでなく多くの人に教えるチャンスが「もっと先生の話を聞きたい」という学生の依頼によって、一九七五年にやってきました。最初は二十五人だった彼の一般向け講演会には、間もなく千人もの人が集まるようになりました。

次に、一九七六年には本の出版が実現しました。『自分のための人生』（三笠書房）です。彼はその本を売るために、全米を駆け回り、小さな放送局のトーク番組に出演し、本を売り歩きました。そして、この本はベストセラーになりました。

彼はこの頃、何かの手が自分の人生を大きく動かしていたようだと、後に語っています。

その後すぐ、彼は自分が本当に望む生活、物書きの生活をするために、安定した大学教授の地位を捨てました。そして、自分の夢の生活、夢の人生、つまり、ものを書き、話し、人々のために働くという人生を生き始めたのでした。

彼は処女作の『自分のための人生』で、すでに人生は自分の責任でつくり出すものだ、何が起こってもそれは自分の中に原因があり、他人のせいではない、そして自分らしくあればよいのだ、と書いています。そして、それ以後、彼自身、様々な体験を通して自分自身について学び、人生の真実に気づきながら、多くの本を書き、世界中で多くの人に向かってすばらしい講演を最後まで続けました。

こうして彼は、世界的に有名なベストセラー作家に上りつめましたが、そこでまた一つ、彼に大きな心の変化が起こりました。それを彼は「シフト」と呼んでいます。それまでは自分のエゴを捨てきれずに、いささか強引、傲慢《ごうまん》なところもあったようですが、自分は大いなるものの一部であり、宇宙的な意識から人々の覚醒《かくせい》を促《うなが》すのが自分に与えられた仕事なのだと、彼は気づいたのでした。

そして幸せになるために必要な意識の持ち方を人々に教えるところから、「私たちは宇宙的な存在であり、愛こそが私たちにとって最も大切である」と、もっと高い視野から人々に語りかけるようになったのでした。

それと共に、より多くを所有する、競争に勝つ、有名になる、高い地位を得るといったことは、全く大切ではないともはっきり教えています。

彼はこう言っています。
「愛と安らぎを持って、それらを人々に与えなさい。生きてゆく時に、すべてはなるようになるのだということを心得ていればよいのです。すべてをゆだねて生きなさい。宇宙の営みを信頼した時、あなたは満足を感じるでしょう。私たちは豊かに暮らす権利を持っています。そして、感謝しながら、自然体に生きるほうが、かえって豊かになれるのです」

多くの人間にこのような「シフト」が起これば、戦争や競争の世界から、平和な世界に至ることができると思います。若い頃は自分の心に従って、自分の欲しいものを追求することも大切です。そこから多くを学び、体験できるからです。

でも、究極の学びは「私は、そして誰もが神の一部である」と気がつく大きな意識の変化、「シフト」なのでしょう。ダイアーさんの人生は、まさにそのような生き方のモデルだったのではないかと思います。

どうぞこの本をお楽しみください。

もくじ

PART 1　すべてを引き受けて生きる

第1章　「心の持ちよう」を変えてみる

第2章 あなたは、いつでも試されています

第3章 「何を期待するか」で人生は決まる

第4章 「本当のあなた」は何者なのか

PART 2 「本当の成功」とは何か

第5章 「自分の中からの合図」に気づきなさい

第6章 どんな時も人生に「イエス」と言おう

第7章 もっと「自分に正直に」生きる

第8章 「影響力のある人」はどこが違うのか

PART 3 あなたの「人生の使命」

第9章

「目的意識」は心の羅針盤

第10章

「至福感」に浸るから幸せになれる

第11章 自分の庭を耕しなさい

本書について

この本は、長年、ウエイン・W・ダイアーの著作を刊行してきたヘイ・ハウス社で製作された『人生とは幸せになること』というオーディオテープを元に編集したものです。

本書を読むと、スピリチュアルな世界のリーダーとして活躍し、すばらしい語り手であった彼の言葉がすべて聞こえてくるようです。

物事の見方を変えた時、あなたの見ていたものが変わります。

これは、ウエイン・ダイアーがよく言っていた言葉です。

この本を読むうちに、あなたもそれを実感することでしょう。

ウエインは人々と話し合うことが大好きでした。相手がヘイ・ハウス社の彼のチームであれ、講演会に出席した多くの聴衆であれ、彼のマウイ島の自宅近くのビーチで出会った普通の人たちであれ、それは同じでした。

彼はいつも同じ態度で相手に接しました。常に自分自身であり、賢く、面白く、愛がこもっていました。そして、物事を深く、かつ一般的にわかりやすくとらえ、それを日常的な言葉で伝えたために、彼の言葉は誰の心にもよく届いたのです。

彼はまた、多くのことを人々から学び、**「会う人すべてが、まるですばらしい物語のようだ」**と言っていました。そして、自分が人に教えるのと同じだけ多くのことを、自分は他人から学んでいる、また誰もが偉大さを内に秘めていると感じていたのです。

ウエインが示しているように、人生で欲しいものを得るための特別な霊薬などは、どこにもありません。あなたの欲しいもの、必要なものは、あなたの中にあります。必要なことは、自分の考え方を変える方法を学ぶことだけなのです。現実の状況がどのようなものであれ、あなたは何事をも克服できる力を持っています。

ウエインが言っています。

「幸福とは、人生で到達すべき停車駅ではありません。人生の旅の仕方なのです。あなた

が今いる人生の途上で、どのように旅をするかであり、愛を持って一歩一歩進む生き方なのです」

自身のものに対する見方を変えることが、あなたの人生を変えます。それは最終的には、自分に目覚めをもたらします。

ウエインは、二〇一五年八月三十日にこの世を去りました。私たちは、彼がいなくなって寂しく感じています。しかし、私たちは幸せです。彼の言葉が私たちを慰《なぐさ》め、私たちに勇気を与え、私たちを楽しませてくれるからです。この本を読むことで、あなたも同じように感じてもらえたらと望んでいます。

本書のページをめくり、彼の時代を超えた「智慧《ちえ》の言葉」を楽しんでください。

ヘイ・ハウス社　レイド・トレイシー

編集スタッフ

PART 1

すべてを引き受けて生きる

秘訣《ひけつ》はお前が何に重きを置くかだ。
我々は自分を惨《みじ》めにするか、
自分を幸せにするか、どちらかだ。
どちらも、仕事量は変わらない。

——カルロス・カスタネダ

第1章

「心の持ちよう」を変えてみる

人生で体験することは、あなたの内側を映す鏡

私は自分の人生の大部分を、**「人間の行動」**について学ぶことに費やしてきました。

博士号を取るために勉強した時、大学教授やカウンセラーとして働いていた時、あるいは本を書いていた時など、何度となくその主題に戻ってきたように思います。

その過程で、私は幸福について、そして幸福の追求について書かれた何世紀にもわたる資料を見つけ出しました。

多くの人々が、人生をかけて幸福について研究してきたのです。

幸福とは、何かの中に、あるいは誰かの中に見つけ出せるだろうと考えてのことでした。

しかし、それは根本的に間違っています。

私が学んだことは、

「幸福とは私たちのあり方であり、それは私たちの考え方から来ている」

ということでした。

幸せとは「私たちの中にある思い」

幸せとは、私たちの中にある思いです。つまり、もしあなたが幸せになると決めれば、得られるものなのです。

もし、自分の内側に幸せを持つことができれば、あなたは何をしていても幸せでいられます。仕事に幸せを感じることができます。人間関係においても幸せを得られます。どんなことをしても、あなたはただ幸せなのです。幸せになろうと努力する必要もありません。

しかし、この問題について考える時、人々はとても混乱していることに、私は気づきました。人々は自分の感じることや、自分の体験していることを、自分の外側のことのせいにしがちで、次のように言うのです。

「あなたが、私の感情を傷つけるのよ。あなたが、私の気分を悪くさせるの。あなたが、私を当惑させるの。あなたが、今日、私を不幸にしたのよ」

あるいはこうも言うでしょう。

「世界中で起こっている争いが、私にストレスを感じさせる。ホワイトハウスの住人が誰であるかによって、私は気分が悪くなる。株式市場の動向が、私の気分を滅入《めい》らせる」

しかし、実際のところ、この地球上において、何事も誰かの気を動転させたり、気分を落ち込ませたり、不幸にしたりはできないのです。

もし、あなたが本当に幸せな人間になりたかったら、最初にしなければならないことは、次の考えを本当に理解して取り入れることです。

あなたが人生で体験することのすべては、あなたが外側の世界の物事をどのように認識するかの結果です。

言い換えれば、**自分の人生のすべてに責任を取らなければならない**、ということです。

私にとっては、responsibility（責任）という言葉は「自分はできると思って応答する

(responding with ability)」ということです。

それは「自分はできないと思って応答する（responding with disability)」ということではありません。それでは、respondisabilityということになってしまいます。

私は応答する能力を持っている、私は能力があり応答できる、ということが責任の意味です。

自分の人生に起こることすべてに責任を持つこと。それこそが、私が何年も費やして、教えようとしてきたことなのです。

あなたに起こることには「それ相応の理由」がある

オレンジをできるだけ強く手で握《にぎ》りしめたら、何が出てきますか？　もちろん、オレンジジュースです。

そのオレンジを誰が絞《しぼ》ろうが、どのように絞ろうが、どのような器具を使おうが、いつ絞ろうが、オレンジを絞った時に出てくるものは、必ずオレンジジュース（中にあるもの）です。

同様に、あなたが人間を絞った時——つまり、人に何らかの圧力を加えた時——、怒り、憎しみ、ストレス、鬱《うつ》などが出てきます。

誰が、いつ、どういう方法で圧をかけたかは関係ありません。

もともと、その人の中にあったものが出てきただけなのです。

もし、その人の中に怒りや憎しみなどがなかったら、それは、どんな状況になろうとも、決して出てきません。ハイウエイで車を運転している時、誰かに割り込みをされてカンカンになって怒ったとしたら、それは自分の中にもともとあった怒りが出てきたのです。

自分の中に怒りをためていなかったら、どんなことがあっても、誰かが何をしたとしても、あなたを怒らすことはできません。

私は、アメリカ第三十二代大統領フランクリン・ルーズベルトの妻、エレノア・ルーズベルトが言ったとされている言葉が好きです。

「あなたの同意がなかったら、誰もあなたに劣等感を感じさせることはできません」

言葉を換えれば、あなたの気持ちを落ち込ませることは誰にもできないということです。誰もあなたを心配させることも、傷つけることもできません。

「自分の中」を観察すると見えてくること

あなたに起こっていることはすべて、自分の中にもともとあったものです。あなたがそれをつくっているのです。

もし、職場で誰かとうまくいかなくて、いじめられていると感じたら、もし自分の子どもに尊敬されていないと感じるなら、まず自分自身を見てください。そして自分に聞いてみなさい。

「なぜ自分はこんな目に遭うのだろう？　どうして被害者のように感じるのだろう。こんな気持ちにならないためには、どのように変わったらいいのだろうか？」

そして、反射的に次のように思わないでください。

「どうしたら彼らを変えることができるだろうか？」

「どうしたらまわりの世界を変えられるだろうか？」と。

あなたが憎むもの、あなたを悩ますもの、あなたが怒りを感じるものは、実は自分自身の憎しみ、苛立《いらだ》ち、そして怒りなのです。

自分の人生を悩ませている誰かを非難する時、あなたはこう言っているのです。

「もし、彼らが私のようであったなら、私もこんなに悩まされることはないのに」

しかしながら、あなたが「悟りへの道」を歩むうちに、興味深いことが起こってきます。「嫌な奴だ」と以前は思っていたような振る舞いをする人たちに出会っても、いつの間にか、「それは彼らの問題だ」と思えるようになるのです。

そして、自分にこうつぶやくことができます。

「彼らは彼らだ。今、彼らはそう振る舞わざるを得ないのだ。それが彼らの唯一の反応の仕方なのだ。私は、愛と思いやり、そして受容の心を持っているのだから、誰に対しても効果的に対処できる。また、彼らの行動を気にしないこともできる。私の問題ではない。彼らの問題なのだから」と。

このように、**問題に対するあなたの姿勢がすべて**なのです。

人生の「最高到達地点」とは

私は自分が人間的に成長したことで、**誰もが自分の「内的成長」に全面的に責任を負わなければならない**と、理解できるようになりました。

そして、自分の内的な成長を、私たちは人生を通じて、ほとんど無視しているのです。

火のついたロウソクを想像してみてください。そのロウソクを持って家の外を歩けば、風が吹いて、ロウソクの火はすぐに消えてしまうでしょう。

人生を生きる時、外側にあるいろいろな力に出会って、自分の内側にあるロウソクの火——人としての自分の象徴——が、いつか吹き消されてしまうように感じます。

しかし、実際には、自分の中の炎が揺れないようにすることもできるのです。生きていれば、自分の力の及《およ》ばない無数の出来事が起こることでしょう。それらは人生の嵐、病気、事故、思いもよらなかった出来事として、いつ、やってくるかわかりません。

しかし、自分の中にあるロウソクの炎は、自分だけのものです。あなたは自分の世界をいつも自分の役に立つようにつくり出すことができます。ですから疎外感を覚えたり、破滅的な世界をつくり出したりしてはいけません。

あなたが到達できる「人生の最高の地点」――それは、人生に何が起ころうとも、内的な成長を遂げ、明るく輝いていられる境地のことです。

もう一度、繰り返します。

自分に起こることは何であれ、すべては完全に自分の責任だということに気づけば、あなたは力を得るということです。

すべては、あなた次第なのです。

「限界のない人」と「自滅していく人」

責任と幸福について考えたり書いたりしているうちに、世界には三種類の人間がいることを発見しました。

第一のタイプは、苦悩とストレスと緊張でいっぱいの人生を生きる人たちです。

第二のタイプは、苦痛とストレスでいっぱいではないものの、自分の最高のレベルでは生きていない人たちです。

そして、第三のタイプは、私が**「限界のない人」**と呼ぶ人たちです。これは**「無限の可能性を発揮する人」**という意味で、私はこのように生きる人がもっともっと増えてほしいと願っています。

彼らの人生には、限界がありません。できる限り人生を最高のレベルで生きるように意識を集中しています。

自己実現や心理学の分野で、私より前の時代に活躍した先輩たちは、先を見通して次のように書いています。

「確かに、少数の選ばれた人々がいます。彼らは実際にとても個性的で、特別な人たちです」

私は、その言い方は正しくないと思います。誰もが目覚めることができるし、制限のない人生を生きられる、と信じているからです。誰もが人間性の高みに到達でき、覚醒したレベルで生きられるという確固たる信念を、私は持っているのです。

「幸せでいる」とは、とてもシンプルなこと

私が昔、ニューヨークでカウンセラーやセラピストをしていた頃のことです。人々は私の所に彼らの**「人生の問題」**の**解答**を求めてやってきました。

彼らと話している時、いつも同じことが起こりました。それは彼らがどんな職業の人であっても——たとえば、弁護士、家庭の主婦、タクシーの運転手など——違いはありませんでした。私はよく、こう言われたのです。

「本当に、あなたはとても簡単そうに言いますよね。あなたはどうして、そうできるので

すか？　そんなこと、簡単ではないですよ！」

でも、それは簡単なことなのです。そして、健康でいる、幸せでいる、一緒にいる、生き生きと生きるということを、とても複雑で難しいことにしたがる人を見ると、今でも私はとても混乱し、困ってしまいます。

人間であれば不調になったり、行き詰まったり、落ち込んだりするものだという自滅的な考え方を、私たちは信じ込まされています。ある種の否定的な刷り込みです。しかし、それは本当ではありません。

どんな状況にも「成長する可能性」を見る

私が出演したテレビショーのホストがある時、私に言いました。

「あなたはとても前向きな方です。でも、ほとんどの人があなたのような才能は持ち合わせていません。あなたのように幸運に恵まれてはいませんし、あなたのように頭がいいわけでもありません」

ある男の人が雨の中で外出して、バスを待っていたとします。バスはなかなかやってきません。そこに車が走ってきて、水たまりの水をはね上げて、その人をぐしょ濡《ぬ》れにしました。そんな時でも、あなたはその人に上機嫌で前向きでいなさいって言うのですか？」

私はこう言いました。

「自滅的な人であるか、限界のない人であるかは、当人に問題があるかないかということではありません。

私たちはこの地球上で生きている限り、毎日、何らかの問題と直面します。雨が降った時には、誰もがバスを待たなければなりません。インフレにも対処しなければなりません。年を取ること、病気、子どもたちに対する失望などについても、誰もが対処しなければなりません。私たちは誰もが問題を持っています。

しかし、限界のない人は、問題に対して他の人とは違う姿勢を持っているのです。彼はどんな状況にも、そこに成長する可能性を見つけ、『この問題が起こらなければよかったのに』とは思いません。

一方、自滅人間やエゴ人間は『雨なんか降らなければよかったのに、どうして、雨になったのだろう？　雨なんか降るはずではなかった。三月には雨は降らないと彼らは保証していたのに。こんなことは、おかしいよ。去年の三月は雨なんか降らなかったのに』と、文句ばかり言うような姿勢で生きているのです」

例を挙げましょう。

空港で飛行機が遅れたとします。「エゴに駆られた人間」は、それがどれくらい腹の立つものか知っています。彼らは過去の出来事を憶《おぼ》えているからです。

「ちくしょう！　なんていう航空会社なんだ！　この会社の飛行機は今月五回も遅れたんだ」

そして、彼らは五倍も腹を立てることができます。何回遅れたか憶えていなかったら、そんなにも怒らないのに、です。その間に本を読んだり、新しい友達をつくったり、飛行機が発着するのをながめたり、展望台に行ったりすることもできたでしょう。

「エゴに駆られていない人間」であれば、座り込んで世の中について文句を言う代わりに、それ以外のことをするのです。

「人生のシナリオ」を書いているのは誰？

私はデトロイトで育ちました。七年か八年の間、市の東側から西側にあるウエイン州立大学に毎日車を運転して通いました。時には一日のうちに二回も三回も往復しました。そして交通渋滞に遭うと、わめきたいほど頭にきました。道路はいつも渋滞していました。私はその時間をうまく活用することができず、イライラしていました。

「また渋滞だ、こうなると思っていたんだ！」

その間も、渋滞はどんどんひどくなっていきました。人の気も知らないで、です。イライラしてもしなくても、渋滞は続くだけ続きました。そして、それが現実でした。道路事情とは、そういうものです。

もし今、交通渋滞にまき込まれたら、イライラする代わりに私はもっと他の行動を取ることでしょう。

フリーウエイの他の人と話し始めて自己紹介をするかもしれません。または書き物を始める、電話を使って手紙の返事を書いてもらう、オーディオテープでプログラムを聴くなど、いろいろなことができます。四年間の大学への行き帰りの車の中で、一つの外国語を丸々勉強し終えることもできます。フランス語でもスペイン語でも、通勤途中に講座番組を聴いてマスターすることだってできるのです。

そうではなくて、「こんな渋滞は起こってはならないことだ」という態度を取ることもできます。家に帰り着くやいなや、子どもに大声で当たり散らしたり、やけを起こして、マティーニを三杯、引っかけたりすることもあり得ます。

「何で彼は酒を飲んでいるの？」

「交通渋滞だったからだよ」

「どうしてママとパパは離婚したの？」

「交通渋滞だよ。別れさせたのは交通渋滞なんだ」

「どうしてパパは胃《い》潰瘍《かいよう》なんかになったの？」

「交通渋滞が、パパを病気にしたんだよ」

そして、葬式から家に帰る途上で……。

「パパはどうして死んだの？　まだ四十三歳だったのに」

「交通渋滞に殺されちゃったんだよ」


このようなシナリオができあがるかどうかは、百パーセント、あなた次第なのです。人生で起こっていることのほとんどは、こんなストーリーなのです。

外側で起こる嵐が自分を脅《おびや》かしたとしても、その嵐をコントロールすることはできません——しかし、**自分の内側で起こることはいつでもコントロールできます。**

そして、あなたの内側にある炎を明るく燃やすことができるのです。

自分が変わると、世界も変わる

ある時、私のクライアントの女性が、アル中の男性と結婚してしまって自分がどんなに惨めか、私に訴えました。

そこで、私は次のように質問したのです。

「それで、どこがいけないのですか？」

「彼は、ろれつが回りません。彼は同じことを繰り返し言います。彼は臭いのです。彼のそばにいるのは、やりきれません」

そう彼女が言うので、私は次のように答えました。

「私があなたの言うことを理解しているか、確認しましょう。あなたはアルコール中毒の人と結婚したと言いましたね。そして、『彼はろれつが回らない』『同じことを繰り返して言う』、そして『嫌な臭いがする』『バカなことばかり言う』と言うのですね。

私が今までに会ったアルコール中毒の人は、みんなそうですよ。あなたは『アルコール中毒の人ならやりそうなこと』を全部やる人と結婚したのですね。そして、アルコール中毒者と結婚しておきながら、相手にしらふでいることを期待している。

さて、変なのは、どっちでしょうか？　アル中の彼？　それともあなたのほうですか？　彼は『ありのままの彼』です！　あなたは自分をやりきれない思いにさせている考え方を、そのまま持ち続けたいのですか？　自分の惨めさを訴え続けていると、あなたが手にするのは惨めさだけですよ。

最初に変わらなければならないのはあなたであって、あなたの夫ではありません」

「人生で最高のことをしている自分」を思い描く

あなたがどんな問題に直面していようと、自身の行動の元になっている自分の「考え方」を調べてみてください。解決できない問題や障害が起こって壁にぶつかった時、人間関係がうまくいかない時、仕事で問題が起こった時などです。

すべての行動の根底には、自分の「思い込み」があります。だから、思い込みを変えることによって、行動を、そして人生を変えることができるのです。

私は自分の人生で何回もそうしてきました。

たとえば、私は長年、テニスを毎日していましたが、子どもの時から「自分にはバックハンドはできない」と信じ込み、その間違った考えを言い聞かせ続けてきたのです。

しかし、ある時、私はその考え方を変え始めました。一生懸命に練習したのではなく、バックハンドがうまくいくためのあらゆる動きをしている自分を、イメージし始めたのです。ドロップショットにもそれを応用しました。自分はドロップショットが苦手だと、自分に言い聞かせるのはもうやめました。

私は今はもう、「自分はドロップショットができない。ロブも上げられないし、スピンサーブを打とうとも思わない」などと自分に言うことはありません。

「自分には、これはできない」と自分に言い続けていると、あなたはそれを信じて行動してしまいます。

テニスがうまくなるためには、あるいはそれよりももっと大きなことを変えるためには、思い込みを変えてください。

人生で最高のことをしている自分、最高のものを持っている自分自身の姿を見てください。**あなたがそう思えば、そうなる**のです。

どんな「許可」を自分に出しているか

日々、**「人からどのように扱われるか」について責任を持つ**ことは、どんな状況でも、誰に対しても、とても大切です。

たとえば、自分に失礼な態度を取る人がいる時は、「自分はそのように扱われるのを我慢するような人間ではない」と、相手に伝える方法を見つけます。

もし、店員が私に乱暴な応対をしたら、まず、「これが彼の態度なんだ。彼は自分の中にそうしたものを持っているのだ」と自分に言います。

次に、私は親切に相手に接しようとします。もし、それがうまくいかない時は、すぐに他の店員の所に行くか、彼の上司の所へ行くか、その場をすぐに立ち去るかします。

そこに立ちすくんで、他人から肉体的、精神的、知的に、そして霊的に「ひどい扱い」を受けるままにはしません。

なぜならば、私は自分がこの出来事が起こることを許し、相手に自分をそのように扱う許可を与えたのだと知っているからです。

すると、驚くようなことが起こります。ほとんどの場合、親切で愛のこもった態度が相手に伝わり、私を失礼な態度で扱ってはならないのだと、相手が気づくのです。

しかし、それがうまくいかない時は、あなたは計画B、計画C、そしてさらには計画Dまで行かなくてはなりません。

自分の価値は、自分で決めていい

自分自身を「価値のある存在」であると認め、決して虐待《ぎゃくたい》されないことです。

百万ドルの価値のある美しい花瓶を所有していると思ってください。あなたは、それを乱暴に扱ったり、床に投げ出したりせず、壊れないようにと安全な場所に置くでしょう。

同様に、自分のことをとても価値のある大切な存在で、人間として魅力的であると思っていれば、自分が粗末に扱われることを絶対に許しはしないでしょう。

ちなみに、「最悪の扱われ方」には、喫煙、食べすぎること、アルコール漬けになること、また「自分なんて、どう扱われても気にしない」ということも含みます。

同様にして、自分は孤独だと感じる人々のほとんどは、自分自身のことが好きではありません。もし、「自分といつも一緒にいる人」（=自分自身）を好きであれば、一人でいても孤独は感じず、逆にすばらしいと感じます。自分は、このすばらしい人（私）と一緒にいる機会を得ているのだ、という気持ちでいっぱいです。

しかし、もし「いつも一緒にいる人」（=自分自身）を情けない人だとか、受け入れがたい人だとか思っているならば、あなたはその空虚感を埋めるために、他の誰かと一緒にいたいと思うでしょう。

あなたは「自分が信じると決めたもの、そのもの」なのです。

もし、片付けができない、料理が下手、数字に弱い、魅力がないと自分のことを思っているのなら、それはあなた自身が自分の人生にもたらしたことです。

もし、今日までしてきた選択の結果が気に入らないのであれば、「他人のせいにしていた列車」から、**「自己責任の列車」**に乗り換えてください。

自分の価値を認める道の上にいれば、欲しいと思うものは何でも手に入ります。なぜならば、**自分の価値は「自分を信じること」によって、すべて決められる**からです。自分を信じることによって、あなたの人生に対する姿勢が決まります。

愛もお金も、追いかけると逃げていく

成功や豊かさなど、ほとんどすべてのものを手に入れるための秘密を知っていますか？それが、**愛の秘密**です。しかし、シングルバー（独身者向けのバー）などに出かけて、始終、愛を求める人は愛を得ることができません。

私の人生には、真剣に愛した人が何人かいます。家族は別として、私はこうした人々にどのようにして出会ったのでしょうか？

答えは、**「自分が好きなこと」をすることによって**です。

私はテニスが大好きで、人に教えていたこともあります。今でもテニスコートに出て、できるだけ多くの時間、テニスをしています。そこで人々に出会い、私たちは親友になりました。

私はランニングも大好きですが、世界中で一番の友人の一人、マヤ・ロボスと出会ったのは、ランニング中のことです。私たちは同じ趣味を通して、とても親しい友人になりました。

なぜ私は「全くの貧乏人」から豊かになったのか

外に出かけていき、自分らしく生き、人々に出会うと、愛が自分の所にやってくるのです。あなたが追いかけても、愛はやってきません。

お金についても、これは真実です。もしも、「たくさんのお金を稼ぐこと」があなたの目的だとしたら、お金を追いかけるのはやめなさい。

私は、すべてを自分の体験から話しています。

私は全くの貧乏人から豊かになりましたが、私のお金は、すべてたまたま手に入ったものです。私は本を書いて金持ちになろうと思ったことは、一度もありませんでした。

確かに、私は一生懸命頑張って、本を出すことに努力を惜しみませんでした。

しかし『Your Erroneous Zones』（『自分のための人生』三笠書房）がベストセラーにな

る前に専門的な本を書いていますが、それらは売り上げから見れば、失敗でした。けれども、それらの本は、大学のクラスや心理学を学ぶ人たち、グループセラピーの人々によって、よく読まれました。ですから、私個人にとっては失敗ではありません。ただ、お金にはならなかっただけです。

私は自分を失敗者だと思ったことは一度もありません。**私はいつも自分の喜びのために本を書いていた**からです。

一番初めに私が書いた記事は、「教育技術」という雑誌に掲載されました。ニュージャージー州のとても小さな出版社の雑誌で、発行部数は七冊だけ。読者は社長本人と、その母親、二人の叔母と姉妹だけでした。でも、私はそんなことは気にしませんでした。私の作品が出ただけで、とても嬉しかったのです。

私は自分のために、できる限りうまく書きました。もし、あなたが買ってくれて喜んでくれれば、それはボーナスです。ベストセラーになった本も、「人が買ってくれるように」と思いながら書いたことはありません。そんなことは思いもしませんでした。自分にこう言っていました。

「ウエイン、世の中に出て自分が大切だと思うことをしなさい。それは今までお前がしてきたことだよ」

実際のところ、私の書いたものを人が買ってくれるというのは、私にとって驚きでした。私はこの人生で、ほとんどずっと書いていました。そして、**「書くことが喜びである」という以外にその理由は、何一つありません**でした。

私の言っていることを本当に理解できれば、人生の目的の意味がわかると思います。

マズローの「頂上体験」を経験できる人

偉大な心理学者アブラハム・マズローのことを思い出します。彼は、「最も高いレベルの人間は、人生の目的として頂上体験を挙げている」と言っています。

マズローが言う**頂上体験とは、今の瞬間と全面的に完全に一つになるという体験**です。

そして、限界のない人は、どんな時にも頂上体験をつくり出す、すばらしい能力を持っています。

このような「覚醒した人々」の人生には、聖なるものがあります。

彼らは毎日、**「自分にとって最も意味のあること」**をしています。彼らは詩人や神秘的な人間の言葉を話します。

その言葉は、**受容**、**感謝**、**愛**の言語です。

自分を訓練することによって、どこにいても、マズローの言う「頂上体験」をすることができます。

長い行列に並んで待たなければならない時も、イライラしたり、我慢できなかったり、怒ったりせずに、目を開けてまわりを見回し、一筋の光が窓の外から差し込んでいるのに気がついて、列に並びながら喜びに満たされるということも起こり得るのです。

「対立」ではなく「共存」を選び取る

私たちは、誰もが愛に値する存在です。「誰もが」です。

身近にいる人に、より多くの愛を感じるということは確かにありますが、それはただ、私たちの思考が狭い領域にとどまっているからです。

私たちが地球レベルでものを考える時、外国で起こっている失業者の問題も、身近な友人の問題と同じように認識できるものです。海を越えた外国であっても、そこで子どもが飢餓《きが》に苦しんでいれば、それは我々すべてに影響をもたらします。

私たちの多くは、「私は愛に値する人だけを愛します」という前提で生きています。でも、それは間違いではないでしょうか？

みなさんの多くが、次の言葉を聞いたことがあるでしょう。

「罪を憎んで、人を憎まず。人を愛しなさい」

これは、とても重要な人生へのアプローチの仕方だと私は信じています。人々が何をしようと、私たちは彼らの行ないの誤りを正し、変わるのを助けることができる、という姿勢を持たなければなりません。

「人々に対して破壊的であってはならない」ということを私たちは教わりますが、いつも忘れてはならないことは、**誰もが私たちの愛に値する**ということです。

そう考えなければ、私たちは常に分離・対立するでしょう。

「私」対「あなた」、「我々」対「彼ら」がある限り、私たちはいつまでも「私たちはみんな一つだ」という場所に行けません。

私たちに必要なことは、一緒に宇宙船に乗って、上空から地球をながめて、私たちはみんな、この壊れやすい小さな地球の住人なのだということに気がつくことです。

私たちを切り離すものを探すのではなく、私たちを滅ぼしてしまう武器を生産するのではなく、**「共存の方法」**を探し始めなければなりません。

練習問題

この章に書いてある「生き方の姿勢」について、十分に考察してください。あなたが人生で、もっと責任を取りたいと思う分野について日記に書いてください。

あなたの姿勢をどのように変えれば、自滅人間にならないですみますか？　限界のない人間になるためには何をする必要がありますか？　あなたの新しいものの見方によって、どのように地球を救うことができると思いますか？

第2章

あなたは、いつでも試されています

人生は「自分の選択」の総計

以前、ドイツに行った時のことです。飛行機が遅れたので、イタリア料理店で待つことにしました。イタリアから来ていた一人のウエイターが、とてもおいしそうな料理を運んでいました。彼はひどく混乱していました。どの客も彼をイライラさせていたのです。

彼は他のウエイターを大声で怒鳴り散らし、興奮して台所と客席の間を走り回っていました。

私は見るに見かねて、ついに彼に言いました。

「なぜ、そんなに興奮しているの？　どうしてそんなに一生懸命になっているの？　ただ、スパゲッティを出しているだけじゃないですか。そんなにイライラ、カリカリしていたら、五十歳になる前に心臓麻痺《まひ》を起こしてしまうよ」

彼は「僕にどうしろって言うのですか？　僕はイタリア人なんです」と答え、自分の行動を次のように合理化したのです。

「僕にはどうしようもないことです。そういう性格に生まれたのだから。僕は怒りの遺伝子を受け継いでいるのです」

彼の行動は、数学で落第した子どもが、こう言っているのと同じです。

「仕方がないんです。僕の父親も数学ができなかったんだから。おじいさんも数学がダメだったんです。私のせいではないし、どうしようもないことです」

「言い訳」をやめると見えてくるものが変わる

あなたは恥ずかしがり屋なほうですか。神経質でしょうか。怖がりですか。人前で話すのは苦手ですか。いつも怒ってばかりいないでしょうか。人に都合のいいように扱われ、コントロールされていませんか。自分の信じることをちゃんと主張できますか。料理下手でしょうか。スポーツが苦手ですか。

多くの心理学者たちは、「それは無意識のレベルで起こることで、あなたにはどうしようもないことだ」と言うでしょう。

私も少しばかり、こういう見方を教え込まれました。それは、何か不都合があっても、責任は自分以外の誰か、あるいは他にあるという考え方です。

成功できなかった原因、不幸になった原因、人生で何もいいことができなかった原因、幸運のチャンスがやってこなかった原因などについて、多くの人が数え切れないほどの言い訳を並べながら、大人になっていきます。


セラピストはこう言うかもしれません。

「あなたは兄弟の真ん中に生まれたのですね。何になりたかったのですか？　あなたはきっと、自分自身の役割が見つけられなかったのですね」

あるいは、あなたは一人っ子だったかもしれません。あるいは、十二人兄弟の末っ子で、そのため、十一人もの親がいたようなもので、誰かにいつも命令されていた。

あるいは長男だったので、下の兄弟九人の面倒を見なければならなかった、などなど。


あなたは自分に都合のいい、どんな言い訳でも使えます。あるいは、こうも言えるでしょう。「悪魔が私にそうさせたのです」あるいは「それは神様の過ちです」。

うまくいかなかった責任は、あたかも神か母親にあるというのです。

私たちの文化においては、確かに母親は一番の非難の的になります。

「私がこうなったのは、私のせいではありません。母親の責任です」

私は二十年間、毎日、そのようなことを聞かされてきました。

「私には、それはできません。母にとって私より姉のほうが可愛かったのです。だから、私の人生は大変でした。姉がみんなの関心の的でした。私は何の注目も浴びませんでした。家のアルバムは、姉の写真ばかりです。私の写真など、ほとんどありません」


こうしたことは、すべてあなたの受け取り方次第です。あなたがそう信じようと決めたのです。実際には、**あなたがどう思うかは、あなたが選択したこと**です。

自分の人生を邪魔するもの、自分の本来の力を発揮させなくするもの、自分がめざす所に到達するのを阻むもの、それらはみな、自分が選択したものです。

あなたがすべてを決めているのです。

このことをいくら強調しても、強調しすぎることはありません。

人生は、自分の選択の総計によって決まるのです。

「行動する」から
やる気も自信も湧いてくる

あるクライアントが、「自分はものすごくダンサーになりたかった」と、私に話したことがありました。そこで私は言いました。

「どうして、もっと積極的に踊らないのですか？　ショーのオーディションを受け、一流の先生にダンスを習ったらどうですか？」

彼女の答えはこうでした。

「でも、自信がないのです。自信が持てるようになれば、私はすぐにでも、すばらしいダンサーになれるのに……」

彼女は混乱しています。

自分を肯定的にとらえる鍵は、自分に自信を持つことです。

そして、何かに自信を持つ唯一の方法は、一歩前に出て、それを実行することです。そして、それを何度も、繰り返しやってみること。

つまり、**自信は行動からやってくる**のです。

リスクを冒《おか》し、失敗を心配しないことです。誰かに笑われはしないか、転びはしないかと怖れてはなりません。

「自滅型人間」と「無限型人間」(限界のない人)が、山に登っているとしましょう。二人は予想もしていなかった大きな氷の山にぶつかりました。自滅型人間はブツブツ文句を言います。

「氷がこんな所にあるなんて、とんでもない。計画では氷はなかったはずだ。けしからんことだ。私の新しい服が破けてしまった。こんなことは、あってはならないことだ」

しかし、無限型人間であれば、たとえ氷の山にぶつかって転んでも、そこから立ち上がり、「氷に気をつけて慎重に進もう」と言って、前に進み続けます。

エゴに支配されている人は、失敗とは「やる気をくじくものだ」と見ています。しかし、エゴに支配されていない目覚めた人間は、失敗からやる気を奮い起こします。

「年収、役職、家族」と自分自身を同一視しない

自信を持つということについて、もう一つ注意しておきたいのは、「自分自身」と「人生で自分が物事をどれだけうまくやったか」を同一視しない、ということです。

あなたは、「あなたが行なうこと」ではありません。もしそうであれば、何もしていない時、あなたは自分ではなくなります。自分が存在しなくなるのです。

自分とはビジネスや年収、家庭や家族、会社での役職ではありません。もしそうだとしたら、それらがなくなった時、あなたは何者なのでしょうか？

もちろん、人々は常に何かをしています。しかし、人生は束《つか》の間です。もし自己イメージが「自分が行なうこと」「外側のもの」と結びついていたならば、職や家を失ったり、子どもが独立して巣立っていったり、伴侶《はんりょ》が死んだりしたら、自分もまた少しだけ死んでしまいます。

人間は human doing ではなく、human being なのだと私はよく言います。

もし、「何をしたか」が重要であるならば、human doing という言葉が人間を指す言葉

となったことでしょう。でも、そうはならなかった。

私たちはbeing（存在そのもの）なのです。

つまり判断し、評価するものではなく、「存在するもの」なのです。

自分の存在を信じている人は、リスクを冒して何かに失敗することも、何かをうまく成し遂げることも、その両方を自分に許すでしょう。「自分の価値」と「自分がすること」を混同したりしません。

あなたはいつも、すばらしい、価値のある、人間、human beingなのです。

それも、誰かがそう言うからでも、あなたが成功しているからでも、たくさんのお金を稼ぐからでもなく、**唯一あなたが、そう信じると決めたから**です。

もし、そのことを理解できないならば、あなたは**無限の力を持つ人**であることはできません。

「感情コントロールがうまい人」の秘密

私は大学時代、哲学のクラスで論理学の一つ、三段論法を学びました。

三段論法には、大前提と小前提があります。そこから大前提と小前提の一致に基づいて、結論を導き出すことができます。

ここでは、「私は感情をコントロールできる」ということについて、この論理に従って説明しようと思います。

では、大前提から始めましょう。

「私は思考をコントロールできます」

次は小前提です。

「私の感情は、思考から生じます」

この二つの前提から導き出せることが何か、わかりますか？

それは、**思考がなければ、感情が出てくることはない**ということです。


あなたは世界の物事を認識し、それについて判断します。これは一瞬にして起こることです。そして、判断をすると、「感情的な反応」が起こります。

世界を認識できない人は、感情を持つことができません。昏睡《こんすい》状態に陥った人はただ、そこに横たわっているだけです。彼らは何の感情も示しません。


たとえば、誰かがあなたとの個人的なつき合いを終わりにしたら、落ち込みますよね。

でも、相手が自分との関係を断ち切ったと知らなかったとしたら、どうでしょうか。

落ち込んだり、悲しみの感情に包まれたり、最悪の気分になったりするでしょうか。

いいえ、そんなことはありません。

感情が起こるのは、あなたが別れを知った時です。

つまり、出来事があなたを不幸にするのではありません。その**出来事に対して、あなたがどう反応するか**によっているのです。

このように、「感情」というものは、自分の思考からやってきます。

私はここで、冷静であれとか、感情的になるなと言っているわけではありません。二つの事実を言っているだけです。

大前提は、「私は思考をコントロールできます」。そして、小前提は、「私の感情は、思考から生じます」。

そこから導かれる当然の論理的結論は何でしょうか？

「私は、自分の感情をコントロールできる」ということです。

どんな時も「心の静けさ」を保てる人

あなたが抱く感情のうちで、あなたが嫌っているものは何でしょうか。

罪悪感、心配、怖れ、自己嫌悪、承認願望、過去にとらわれていること、未知に対する怖れ……これらはどれも思考に対する感情的な反応です。

もし、自分をダメだと思う感情があるならば、それはまさに「覚醒の道」を歩むあなたが捨てなければならないものです。

他の人がカンカンになって怒るような状況にあったとしても、目覚めた人は自分の中に一種の冷静さ、心の静けさを持っています。彼は**「自分の反応の仕方」に責任を持つ**のです。彼らは計算高くもなければ、冷たい人間でもありません。感情のない人間でもありません。

ただ、**世の中を否定的に判断しない方法を知っているだけ**です。彼らは何事が起こっても、エゴに駆られた行動を取らずに、**健康的な反応**をします。

自滅型の人が高速道路で行く手を邪魔されたら、それに対する怒りを長引かせるでしょう。

一方、目覚めた人は自分に言います。

「私はそんな人に自分の大事な一日を台無しにはさせない。今日は私のための人生の大切な一日だ。私は、あおられたりはしない」

エゴに支配されている人は友人と不和になると、いつまでも腹を立ててそれを引きずります。

「こんなことはあってはならないことだ。どうして、あいつはこんなにひどいことを僕にしたのだろう。僕はどう振る舞えばよかったのだろう。本当に理解できない」

一方、目覚めた人なら自分にこう言うでしょう。

「起こってしまったことは仕方がない。僕は落ち込みを選択するのはやめよう。それが『いいこと』だったという振りもしない。しかし、このことで落ち込むのはやめよう。五分たったら忘れよう。それでもまだ、回復できなかったら、さらに五分間だ。そうやって、僕は立ち直る」

自分に対する愛を持つこと、そして、人としての自分を心から信じることです。他人に対して無関心になる、他の人にひどいことをする、人に寛大でも親切でもなく生きる、そんなふうになれと言っているのではありません。

私が言ってきたこと、今まで何度も言ったこと、そしてこれからも伝えたいことは、**「私たちは、誰もが自分の選択の力を理解しなければならない」**ということなのです。

「怒り」にも役割があります

怒りは悪いことであり、怒りの感情を持つことさえ、健康的でないとされています。

しかし、それは真実ではありません。自分の中に怒りがあっても、それに突き動かされないことのほうが不健康です。

ただし、その「怒り」は、「目覚めた人」として「建設的な方向」に使ってほしいですし、責任を持って「最良の選択」をしてほしいのです。

たとえば、あなたがひどい離婚騒動の最中《さなか》にいて、とても怒っているとします。

怒りのあまり、自分の仕事ができないほどで、職場の同僚たちとも、うまくやっていけません。健康を蝕《むしば》まれ、病気になり、疲れきり、鬱になってしまいました。

これは、「最悪の選択」です。

しかし、実はそこには、とても便利な「見返り」があります。なぜなら、その苦しみを「自分が仕事を十分にこなせない理由」として使えるからです。言い訳としては、完璧です。

「今、私の人生にすごく大変なことが起こっているのを知っているのに、私にその仕事を仕上げなさいと言うのですか？」

「目覚めた人」は怒りを建設的に使う

怒りや落ち込みの感情が湧いてきた時、他人に非難の矛先《ほこさき》を向けることは「無責任な選択」です。人間関係において、それはこんな言葉になって表われます。

「あなたがもっと私のように動いてくれれば、私はこんなにも、あなたにイライラしなくてすむのに。どうしてもっと私の思うように行動してくれないの？」

職場においては、上役が部下にこう言うでしょう。

「僕が望んでいるやり方で仕事をしてくれないので、僕は君にイライラするんだ」

部下に「仕事のやり方は色々ある」とわからせる努力をしていないのに、です。

非難するのは、いいことではありません。人生で行き詰まりに遭遇して、イライラしたり、鬱になったり、効果的に機能できなくなったりした時こそ、**考え方を再構築して、行動を変えなさい、というサイン**なのです。

ほとんどの人は、自分の怒りの感情をうまく扱えます。だから怒りで動けなくなるまでには至りませんし、無分別に怒りをぶちまけたりもしないでしょう。

しかし、自分の心に蓋《ふた》をして怒りを自分の中にため込むのは不健康です。他人を傷つけない限りは、その怒りは外に出してしまったほうがいいのです。枕《まくら》を叩《たた》いたり、壁を叩いたり、叫んだりしてみてはどうでしょうか。

でも、目覚めた人々はもう少し、高所から対処できます。

怒りを「建設的な方面」に使うのです。

たとえば、私は個人的に飢餓に憎しみを感じています。世界には十分な食糧があるのに、多くの人々が飢餓で亡くなっていることに、信じられないほどの怒りを感じています。そして私たちが再び戦争の準備をして、もっと多くの人々を殺そうとしていると考えるだけで、私は大きな怒りを感じるのです。

では、このような怒りに関して、私たちは何をしたらいいのでしょうか？　エゴに支配された人々は拳《こぶし》をふりあげ、自分以外の他人のせいにし、彼らを大声で非難するでしょう。

目覚めた人も怒りを感じます。

しかし、それに対して「何かできること」をします。

ハンガープロジェクトやオックスファム（貧困を根絶するために活動している組織）などの運動に参加したり、国会に手紙を書いたり、テレビで語ったり、歌を書いたり、**自分のできることをして、人々の意識を高めようとする**でしょう。さらには、優れた議員に投票したり、自ら立候補したりして、世界の矛盾を正そうとするでしょう。

彼らは「行動する人たち」です。彼らは自分の中の怒りを大切にし、それを人類の幸せのために利用するのです。

意識の焦点はいつも「望むこと」に

私たちは誰もが、自分自身について、そして、自分の人生において好ましくない部分を持っています。しかし、そうした問題にどのように対処するかは、人それぞれです。

多くの人たちは、**「外的動機」**と私が呼ぶものによって行動します。

あなたが元気のない落ち込んだ人々のグループに、次の質問をしたと想像してください。

「あなたはどうして不幸で、鬱状態になっているのですか？　何が問題なのですか？」

四人のうち三人は、こう答えるでしょう。

「人々が私を怒らせたのです。彼らは私の気持ちを傷つけました」

「人をうっかり信用して、お金を預けました。彼らのせいで、うまくいきませんでした」

「私の両親とうまくいきませんでした。彼らが私を鬱病にしました」

このように、彼らは自分が今のようになった理由として「他人」や「自分ではどうすることもできない要因」を挙げるでしょう。

こうした思考回路の持ち主は、「不幸になった原因は、自分以外の人やものにある」と言って、それらを非難します。そして、不幸な状況から逃れるために、自分の外側にある「何か」の助けを探さなければなりません。

多くの場合、その何かとは、アルコールです。アメリカではおよそ千六百万人がアルコール中毒です。また、覚醒剤やセックス、時には買い物に溺《おぼ》れる人もいます。お金儲《もう》けにふける人もいます。

彼らは気分が落ち込んだ時、気持ちを奮い立たせるために、自分の外にあるものに頼ろうとするのです。

多くの人間が「外的な要因」に突き動かされている一方で、「外的な要因」と「内的な動機」を併《あわ》せ持っている人もいます。

彼らは、自分の中に**「内なる導き」**を持っています。物事がうまくいかない時、彼らは心の中で、その状況を招いたのは自分であると知っています。

しかし、どうしたらよいかは、はっきりとはわからないようです。そのために、やはり身動きが取れない感覚になります。

戦争について考えてみましょう。戦争は「建設的でない怒り」と、「建設的でない怒りで反応する人々」によって起こります。そして彼らは何年にもわたってそれを続けます。

私たちはみんな、テロリズムには反対です。

でも皮肉なことに、この世界に戦争やテロリストが存在する理由の一つは、多くの人々が「戦争に反対していること」にあるのです。

次のようなことを想像してみてください。

もし、テロリズムに反対している人が、エネルギーの方向を変えて、**「私たちは平和を望みます」**という言葉を使い始めたらどうでしょうか。もし、何百万人もの人が「テロリズム反対」ではなく、「平和のための活動」にエネルギーを注げば、私たちは平和な世界をつくることができるでしょう。

「新しい進化」ができる自分への言葉がけ

そのような思考に変えていくためには、私たちは「外側の動機」ではなく、**「内発的な**

動機」によって動くことが必要です。

このことをあなたの人生で試してください。自分が改善したいところで試すのです。

パートナーに対する押しつけがましい態度をやめたいと思っているのであれば、そのことを否定の言葉で表わすのではなく、現在に焦点を当てた、アファメーション（自分にかけるポジティブな宣言の言葉）のような言い方をしてみます。

「私は今、もっと楽しい人になりつつあります」

自分がいつも遅刻ばかりしている時、自分を否定的に批判するのではなく、こんな表現をします。

「私は今、時間に間に合うように努力しています」

子どもと一緒の時間が十分に取れない時、そのことを嘆くのではなく、次のように自分に言います。

「私は、子どもに十分時間をかけています」

先延ばしばかりしていることを非難するのではなく、次のように言えばいいのです。

「私はとても興味があるので、この企画により多くの時間を割《さ》いています」


言い方を換えれば、「自分には欠点がある」と否定的にとらえて落ち込んでいる状態から抜け出し、物事をもっとポジティブに表現し始める、ということです。

宇宙は調和して、何一つ滞りなく運行しています。そこには一つの誤りもありません。

それは**完璧なシステム**であり、そして私たち一人ひとりが、その完璧さの一部なのです。


欠点や足りないものに焦点を当てるのではなく、「自分は新しい進化のために新しい選択をしているのだ」と、認めましょう。

あなたは毎日、毎日、成長しています。焦点の当て方を変えれば、今まであなたの気分を低下させていたものは気にならなくなり、イライラさせていたもの、あなたが欠点だと思っていたことは、もう欠点だと思えなくなります。それは**「自分の人生において、その時は必要な選択だったのだ」**とわかってくるでしょう。

練習問題

あなたの頭の中で何回も繰り返されている否定的な言葉を、肯定的なアファメーションに書き換えましょう。たとえば、「私はへこたれている」を「私はすばらしい人生を楽しんでいる」に。「私は仕事が嫌いだ」を「私はやりがいのある仕事ができて、とても幸せだ」に。

あなたの日記に、こうしたいくつかの肯定的な文章を書いてから、その文章を紙に書いて、毎日見える場所に貼《は》りなさい。たとえば、洗面所の鏡、パソコンのモニター、車のダッシュボードの上などです。

このようにして、脳が「いいこと」だけに焦点を当てる練習をします。すると、「いいこと」があなたの人生に引き寄せられます。

第3章

「何を期待するか」で人生は決まる

どうせなら「いいこと」だけを思い、期待する

大勢の人の前に立って話をしようとしている時、同じような質問をよくされます。

「四時間も話すのですか？　終わった時は疲れていませんか？　きっと疲れ果てているでしょうね」

私は、次のように答えます。

「どうしてですか？　エネルギーがなくなるなんてことはありません。疲れも感じません。疲れるっていう考えは、私のマインドにはありませんから」

午前二時にベッドにつく人の多くが、こんなことを言います。

「おお、大変、もう二時だ。六時には起きないといけないのに、もう四時間しかない。眠れそうにないけれど、今すぐ寝たとしても、これではほとんど休めない。明日はきっと疲

れているだろう」

彼らはベッドに横になり、できる限り眠ろうとします。でも、寝返りばかり打って、四十五分が無駄に過ぎます。

「ああ、もう三時十五分前だ。四時十五分前だ、五時十五分前だ、六時十五分前だ」

前よりさらにひどい状態になり、あなたはもっと深刻になります。

「今日の僕はまるで死人だ！」

これこそ、**あなたの「思い」がどのように働くか**のいい例です。目覚まし時計を止めた時に思っていることが、今日がどんな日になるかを決めるのです。

「起こってほしくないこと」は頭から追い出す

人々は否定的な結果を生み出すような思いを、自分でつくってしまうのです。でも、疲れを感じそうになった時こそ、次のように言いましょう。

「大丈夫だ。もう僕は二度と疲れはしないぞ。自分は疲れていると思うのはやめよう。たとえ、骨に少し痛みを感じていても、少しばかり眠くても、ちょっとだけ昼寝をするか、眠気を振り払って散歩に出かけるかしよう。

誰にも自分が疲れているとは言わないようにしよう。誰もそんなことを聞きたくないのだから」

もしも、そんなことはない、と思うのであれば、まわりの人に聞いてみなさい。

「お聞きしますが、私が疲れているかどうか知りたいですか？」

すると、誰もあなたが疲れているという話は聞きたくないとわかるでしょう。

だから、「今日は疲れているだろう」という思いは、完全に頭から追い出すこと。疲れているなんてことは、三日か四日、徹夜でもしない限り、思わないこと。徹夜がそんなに続いた後ならば、**「自分は疲れている権利がある」**と自分に言えます。

「楽しみなこと」「やるべきこと」に専念する

あなたが思うこと、期待することは、あなたの人生の多くを決めます。たとえば、あなたが肉体的に健康かどうか、風邪を引きやすいかどうか、背中が痛くなったり、頭痛、腹痛になったりしがちかどうかなどは、あなたの思いや期待で決まります。

私にスカイダイビングを習い始めた友人がいました。その日、彼はひどい風邪を引いていましたが、初めてのジャンプを延期することはできませんでした。

私は彼を車で会場に連れて行ったのですが、その途中、彼は「ひどく気分が悪い」と言い続けていて、「こんな状態では、とてもジャンプなどできない」と思い込んでいました。

それでも、私は彼を会場で車から降ろしました。そして、彼はクラスに参加し、ジャンプのための準備を二時間かけて行なったのです。

やるべきことが次々とあって、「気分が悪い」と言っている暇はありません。飛行機から地上まで降りてくる間は、風邪などにかまってはいられませんでした。

友人は一度ジャンプをしましたが、それに満足できなかったため、また空に戻り、もう一度ジャンプをしたのです。終わってから彼を車に乗せた時、私は「どうだった？」と聞きましたが、彼の返事はこうでした。

「すばらしかったよ。実にすごかった」

もう彼の風邪は完全に治っていました。

この話の中に、私は何か教訓があるように思います。

「年齢にしばられない人」が発散する活発で温かなエネルギー

兄夫婦の所に届けるために、赤ちゃん用のベビーカーを抱えて飛行機に乗った時のこと。乗務員が私にこう尋ねました。

「それは、あなたのお孫さん用ですか？」

私は心の中で思いました。

「僕のような若い男がおじいちゃんだなんて！　十四歳の僕が、どうしておじいちゃんになれるんだ？」

私は自分のことを十四歳の少年だと認識しているのです。そして、実際に少年のように振る舞っています。毎日ランニングは欠かさないし、テニスだって以前よりずっと活発に行なっているし、うまくなっています。私はしたいことは何でもできます。

身体《からだ》の年齢は重要ではありません。なぜなら私たちは身体ではないからです。私たちは

「意識」なのです。私たちの本質は「触ることのできないもの」と言えるでしょう。

「思い」がすべてをコントロールしている

「態度がすべて」ということを思い出してください。あなたは、身体ではありません。あなたは思考なのです。肉体が年を取ったとしても、あなた自身が年を取る必要はありません。

確かに身体は衰えるかもしれませんし、昔できたことができなくなることもあります。しかし、それも、ほとんどの場合、自分の思いによってコントロールされているのです。身体だけに焦点を当てていると、あなたはこう判断するでしょう。

「私はどんどん衰えてきている」

しかし、自分とは身体ではなく、思考なのだと気がつけば、あなたは衰えることはないのです。

私は、年を取っていく自分の外見の変化を重要視していません。時々、新しい小さなしわや身体に生じたその他の小さな変化に気がつきます。しかし、それは**本当の私**ではないのです。私は人間としての「自分の価値」を自分の身体に基づいて評価しません。

たとえば、私は自分の身体をとても健康的に扱っています。一日の食事の量は若い時の三分の一にしており、糖分は果物から取るものだけに限っています。食事に塩は入れません。どこかに行く場合、なるべく車を使わずに、ほとんど歩いて行きますし、毎日必ず何マイルか走っています。

ただし、私はこれらのことを老化を怖れているから行なっているのではありません。より「高度で明晰《めいせき》な思考」と「自己受容の意識」を保っていることの結果として行なっているのです。

私は自分自身を「大切で価値のある人間」だと思っています。しかし、自分だけではなく、他の人や世界全体を、同じようにより純粋な愛に満ちた温かいまなざしで見ています。言い換えれば、私がこうした考え方をしているために、私の身体はすばらしい健康状態に保たれているのです。

「健全な思考」と「世界への温かいまなざし」を持っていれば、誰もが今まで思いもしなかったほどに健康で頑丈な身体になっていくでしょう。

身体を衰えさせるかどうかさえ、自身の生きる態度によるのです。私は心からそう思っています。

「すべてうまくいく」と確信しておく

「人生のすべての面において責任を取る」と一旦、決めたなら、人生のどんな状況の中にも飛び込むことができ、そこから薔薇《ばら》の花の香りを放ちながら出てこられるでしょう。

そして、人々は言うのです。

「うわーお、あいつはすごく運がいいんだから」

「彼女はいつも完全に波に乗っているよ。いつも、必要な時に必要な場所にいるように見える」

もう一度言いますが、それは物事に対する彼らの姿勢が、そうさせているのです。その人の中にある「思い」が、彼女の人生を最高にしているのです。その思いとは、**「私にとって、物事はすべてうまくいく」**という確信です。

車に乗って、あるイベントに向かう人々を対比してみましょう。彼らは駐車する場所を見つけようとしています。

驚くべきことですが、駐車する場所を見つけられない人は、いつも見つけられません。彼らはまっすぐに前方だけを見て、トンネルのような狭い視野で生きています。それは、高いレベルで人生を生きていない人々に典型的に見られることです。

一方、限界のない人の思いはこうです。

「僕には自分の駐車すべき場所がある。そこに行けばいつも見つかる。誰かがそれを今、使っているかもしれない。僕は利己的な人間ではない。だから、僕の駐車する場所はいつも空いているわけではない。でも、僕がここに来たからには、僕の場所に誰かがいたとしても、どうか、そこを空けてほしい」

そして、確実に、彼はいつも駐車する場所を見つけるのです。

「前向きの結果」に焦点を当てた時のパワー

私たちの人生の状況は、つまるところ、自分がどんな姿勢、どんな信念で生きるかによって、そのすべてが決まっていきます。

子どもを産む時を例に取り上げてみましょう。もし、あなたが今まで一度も子どもを産んだことがなければ、もちろん、少しばかり怖いかもしれません。

そして、もし「お産は大変な苦しみを伴うものだ」という思いを抱いてお産に臨《のぞ》んだとしたら、思ったとおりに、大変苦しい体験をするでしょう。

ところが、お産に臨んでも、痛みという言葉さえ使わない人たちもいます。彼女たちは、痛みは「子どもが産まれるサイン」だととらえます。

「これは、私の身体がある方法で使われるためのシグナルなのね」

彼女たちは、子どもを出産するという儀式にすばらしい役で参加しているのです。彼女たちにとって痛みを感じる時間はありません。

男性がこのように言うことは、たやすいことかもしれません。女性たちに私は言われたことがあります。

「まあ、言いたいように言えばいいわ。丸々一個のスイカを身体の中から押し出すのよ。やってみてよ。その後、それは少しも痛くなんかないと言いなさい」

そうした言い分もよくわかります。誰かの経験をおとしめるつもりは毛頭ありません。私も八人の子どもの父親なのですから。

しかし、私は心の底から、どんな場合であっても可能な限り、**「前向きの結果」に焦点を当てる**ようにします。

練習問題

週末に、芝生を刈ってほしいと頼まれたと想像してください。

とても美しい日です。でも、あなたは急に疲れを感じて、何日でも寝ていたいほどです。

しかし、次に、あなたは誘われました。

「今夜、パーティーに来ない？　でも、すごく疲れているそうだね」

すると、あなたはきっと答えるでしょう。

「大丈夫、僕は元気だよ。全然疲れてなんかいないよ」

すごくやりたいことや興味のあることがやってくると、疲れは魔法のように吹っ飛んでしまいます。

宿題をしなくてはならない時には、机に向かうとすぐに眠くなってしまいます。

「どうしても、目を開けていられない」――その時、親しい友人から電話があります。あなたはその友人と楽しげに二時間も話し込んでしまいます。

これと同じような体験を日記に書いてください。この章で議論されていたいくつかのテーマについて、あなたなら、どんな選択をしたら、もっといい結果を生むことができるか考えてみましょう。悪いことではなく、「前向きなこと」だけに目を向けてください。

第4章

「本当のあなた」は何者なのか

「過去に起こったこと」にとらわれない

ある日、私がフロリダの友人を訪ねた時のことです。

友人のボートで、海に出ました。友人がボートの運転をしている間、私はボートの航跡に目を惹《ひ》きつけられていました。

航跡とは走るボートが波の上に残していく足跡のようなもので、少しの間続いて、その後すぐに消えていくものです。

その時、私はその**航跡がボートを先に進めているのではない**、とはっきり気がつきました。

そして、ボートの航跡のように、私たちも、人生に起こることすべてを体験しながら、足跡を残していきます。

この足跡の中には私たちの体験することのすべて、そしてまた、私たちの信念、両親や宗教の教え、学校での教育など、善意を持って教え込まれたことのすべてが含まれます。

「今、この瞬間のエネルギー」がすべて

つまり、**私たちの過去の歴史が、人生と呼ぶボートを前に進めているわけではない**、と理解しなければいけません。

自分の人生を前に動かしているのは、自身が体内から発しているこの瞬間のエネルギーであり、過去の出来事ではありません。

もし、あなたが、

「過去に起こったことのせいで、自分はこんなふうに生きなければならない」

という考えにとらわれているとしたら、それはとても実りのないことです。

航跡がボートを動かしていると信じ込むのと同じです。

そんな考えは捨ててください。

ここで私が言いたいのは、**どうすればもっと高いレベルの自由に達することができるか、**

ということです。そのレベルでは、ボートの航跡があなたの人生を動かしているという思い込みを、あなたは捨て去っています。

過去のすべては、あなたが後ろに残してきた足跡にすぎません。「高い目覚めた視点」から得られる自由を獲得するためには、過去のことはすべて、航跡が消えるように消してしまうことです。

「過去に起きたことが永久に自分の人生を決めていく」という物語を、全部手放すことがとても重要なのです。

この「気づき」に到達すると人生がもっとパワフルになる

ウエイン州立大学で博士課程を終えようという時、私はミルトン・カビンスキー先生の授業を取りました。カビンスキー先生は、私が学んだ先生の中で最高の先生の一人です。

彼の応用哲学の上級セミナーを受講していた学生は、私を含め十六名でした。学生は一人ひとり自分の特別な哲学的な視点から、クラス全員の前で二時間半の発表をしなければなりませんでした。その後、カビンスキー先生は学生の発表について一時間話します。

発表する視点は、「人生に応用できるもの」でなければなりませんでした。つまり、「今日この部屋を出た時、私が発表した考察を実行すれば、人生に何らかの変化を及ぼします」と言えるものでなくてはならなかったのです。

この講座は博士号を取るためには必ず受講しなければならず、それはすばらしいものでした。

恩師からの「究極の質問」

最終の試験にあたって、カビンスキー先生は次のように告げました。

「時間は三時間四十分で、教室に好きなだけ資料を持ち込んで、使いたいと思うだけ、使ってもいいです」

みなさんは学校で、アンチョコというカンニングペーパーを使ったことがあるかもしれません。それを答案用紙にそのままわけもわからず写して空欄を満たせば、自分が何を書いているかわかっていないことに、先生は気がつかないだろうと思ったことでしょう。

ところが、カビンスキー先生はそんなに甘くはありませんでした。何ページ、文字を書き連ねたとしても、彼は即座に、学生が理解して書いていないということを見破りました。

最後の試験の日がやってきました。教室は学生が持ち込んだ資料でいっぱいでした。カビンスキー先生は、午前十時に試験用紙を配りました。彼は言いました。

「時間は午後一時四十分まであります。どんな参考資料を使ってもかまいません。では試験用紙を裏返して問題を見てください」

そう言って彼は教室を出て行きました。試験用紙に書いてあったのは三つの文字とクエスチョンマークだけでした。

「who are you ?」（あなたは誰ですか?）

私たちは顔を見合わせました。そして、その後、自分たちが教室に持ち込んだ参考資料をながめたのでした。

カビンスキー先生は刑事コロンボのように一旦、教室を出てから、また、ゆっくり教室に戻ってきました。刑事コロンボは、いつも「何か言い忘れた」と言って戻ってきます。実際には、彼は自分のしていることをよくわかった上で、そうしているのですが。

カビンスキー先生は言いました。

「あれ、私はどうしちまったのだろう。試験用紙の二枚目を忘れていた。秘書に渡すのを忘れたのだ」

彼はこれを全部演じていたのです。その間、私たち生徒は汗をかいていました。

彼は二ページ目をみんなに配布して言ったのです。

「ここには書いてはならない項目が書かれています。もし、答案用紙に、これらのことについて書いてあったら、試験は落第にします。私はそんなことには興味がないからです。それらは、あなたの年齢、家庭的な背景、人生の目標、趣味、宗教的志向、支持政党、生まれ故郷、いくらお金を儲けたことがあるか、将来どんな仕事に就くかなどです」

彼は私たちが書こうとしている自分の歴史について、六十以上の触れてはならない項目をリストアップしていました。

そして、そのページの終わりには、

「あなたが私にレッテルを貼ったら、それは私を否定することです」

という、偉大なデンマークの神学者セーレン・キルケゴールの名言が書かれていました。

この試験は今までで一番難しい試験であり、その時のことを私は今も鮮明に覚えています。

「自分が望むことは叶う」と確信するポイント

あなたの中の「名称をつけられない部分」を定義するのは、とても難しいことです。でもやってみると、それは信じがたいほどパワフルな経験になります。それを魂あるいは霊、その他どんなふうに呼ぼうとも、**「自分の見えない部分」**が**「自分の人生のすべてを決め**

ている」ことを発見するでしょう。

あなたは自分に次のように言い始めます。

「わかった。このような気づきを自分はどのように応用したらいいのだろうか。この気づきを使って、どのようにすれば、私は自分が本当にしたいことをし、大切なことを人生にもたらし、対人関係の質をよくし、自分に成功をもたらすことができるのだろうか？」

つまり、「自分が望むことは、すべて自分の人生にもたらすことができる」と確信するポイントまで、到達するのです。自分の人生に役立たない思考にも気づき始めるでしょう。

そして、なぜ自分の人生に役立たない思いが自分の中に起こるのか、疑問に思い始めます。

つまり、あなたは、**「自分の心の中に起こってくるものすべてに責任がある」**と感じ始めるのです。

「思考」は現実化してしまいます

先に述べたように、**すべての行動の源は思考**です。

したがって、もし自分の嫌いなものに思考や思いの焦点を当てると、その嫌っているものが人生に拡大していきます。

私はここで、とても重要なことを強調したいと思います。

人生に起こるどんな問題も、あなたは思考や思いの中で経験するということです。

しかし、「人生におけるどんな問題も、自分の思考や思いの中にある」と知っていれば、問題の解決法もまた、自身の思考や思いの中にあるとわかるはずです。解決法は、自分の外の何か、あるいは他の誰かの中には見つけられません。

どんな時も、**「力はいつも自分の中にある」**ということを忘れないでください。

「あなたが思うこと」は拡大していく

あなたは「自分が一日中考えているもの」になります。

たとえば、あなたがセールスマンで、今、顧客に会いに行くところだと想像してください。もし、その時、

「うまくいきっこないぞ。僕はこういうことが得意ではない。やった経験もない。これから会いに行く客は、グズグズとして決断しないから、契約書にサインをしないだろう」

などと考えていたとしたら、どのような結果になるでしょうか？

まさに「あなたが考えているとおり」の結果になるでしょう。

だから、心や頭の中を否定的な考えでいっぱいにしないことが、とても大切です。あなたが否定的なものを欲していれば、いつでも、その否定的なものを見つけることでしょう。

もし、人種差別が増えるのを見たいなら、自身のまわりを見渡せば、人種差別はいくらでも見えてきます。しかし、もし人種の融合を見たければ、それを見るでしょう。集団の意識は、私たち一人ひとりの意識から始まるのです。

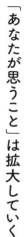

「あなたの思うことは広がります」

これが第一のルールです。

「あなたが考えていることは、すでにここにあります」

これが第二のルールです。

思考の世界においては、「あなたが考えていること」は、すでにここにあるのです。どこか他の場所ではありません。自分が思うことは、何でも形にすることができるということを心に刻んでください。

娘のソマーが小さかった頃、私が仰向けに寝て、彼女を腕で上に持ち上げました。他の子どもたちは全員、私が上に持ち上げると空中でバランスを取ることができました。しかし、彼女だけはバランスを取ることができず、落ちてしまいました。そこである時、ちょっとした工夫をすることにしました。

「ソマー、お父さんの本の題名は？」

「『あなたが信じた時、それが見える』（You'll see it when you believe it）でしょ」

「そうだよ。君は信じるかい？」

「私は信じるわ」

私は言いました。

「えらいぞ！　それを聞きたかったんだ。信じるかい？」

「私は信じます」

「何を信じるの？」

「できると信じるわ」

と彼女は言いました。


そこで私は次に進みました。

「君は自分がやっているのが見えるかい？　バランスを取ることができる？　自分にはできると思う？」

「私はできる！　私にはできるわ！」

「よろしい」

と私は言いました。そして、それは本当でした。

私が彼女を持ち上げると、彼女は何の苦労もなしにバランスを取ることができました。

彼女がしたことは、彼女の考えを変えることだけでした。

同じように、泳げる子どもと泳げない子どもの違いは何だと思いますか？　泳ぎ方を知った子どもは、その瞬間に今までは持ちあわせていなかった身体能力を持つようになったのだと思いますか？　そうではありません。彼らは新しい考え方をして、ただ、その考え方に従って行動しただけなのです。

同じことはバイクに乗るなど、他のことをする時も同じです。思考を変えるだけなのです。身体はそれに従います。

スーフィーは次のように言っています。

「自分のハートの中に寺院がなければ、寺院に行っても、ハートを見つけることはできない」

「自分の思うこと」は拡大し、実現すると、ここでしっかり理解してください。

自分のすべての思いは、自身の人間性を表わします。

そして、あなたのすべての思いは、すでにここに存在しているのです。

「やってみよう」の気持ちで世界はグンと広がる

思いを形にする時、あなたは喜んで、「そのために必要なこと」をする必要があります。

ただし、懸命に働かねばダメだ、苦しまなくてはならない、闘わねばならない、自分に厳しくしなければならない、などとは言いません。

この考え方の鍵になる言葉は、**「やる気」**です。

あなたは、いつでも喜んで「やる気」を持たなくてはなりません。


いつでも「やる気」に満ち溢《あふ》れている人から、必要なことを学んでください。

私は子どもの時、兄と共に、孤児院や里親のもとで何年か暮らしました。私は自分と、そこに暮らす仲間たちが楽しい日々を暮らせるように、「必要なことは何でもやるぞ！」という「やる気」を持った子どもでした。

また、『自分のための人生』を書いた時、出版社からは、

「私たちには広告のための予算がありません」

「あなたを出張させる予算はありません」

「あなたはテレビやラジオに出ることはできません」

など、あれもできない、これもできないと言われました。


私は人生の中で、誰かが「ＮＯ」と私に言う時、いつも心の中で感謝します。なぜなら、それは私の中に、ある種の力を与えてくれるからです。**自分のゴールを達成するためにどんなことでもやってやるぞ、という「やる気」**を出させてくれるからです。

「他人の判断」より自分の中の「前向きなメッセージ」

『自分のための人生』を出した時、私は次のようなことを「やってみよう」という気持ちになりました。つまり、「アメリカの隅から隅まで、私の本を売るために人生の二年間を使おう」と決心したのです。

また、「アメリカの全部の人に話しかける唯一の方法は、人気のある有名なトークショ

ーに出ることだ」と聞いたので、それも「やってみよう」と思いました。

しかし、大きなトークショーはウエイン・ダイアーという名前など、知らなかったので、私はアメリカ中の人に話す他の方法を見つけました。私のほうから、アメリカ中の人たちのもとに出かけて行こうと決め、あちこちの地方のテレビ番組やラジオ番組に出演するようにしました。

私は喜んで地方の番組に出演し、どこへ行く時も自分の本を持って行き、そこで自分で本を売ったのです。

私は自分のメッセージを広めるために必要だと感じたことは何でもしました。そして、それを「大変だ、失敗するかもしれない」などと思ったことは一度もありません。

失敗だという決めつけは、他人の判断にすぎません。目覚めた人は、他人の判断など信じません。彼らは自分の中の「前向きなメッセージ」だけに耳を傾けます。

「なりたい自分」になる心の磨き方

人生を自分のハイヤーセルフ（より高い次元にある自分自身）に従って生きることなど理想にすぎない、と言われた経験はないでしょうか。「現実的であれ」「人生には限界があるのだよ」とも聞かされているでしょう。

理想を語る人は大いに批判され、人からバカにされ、こう言われます。

「夢ばかり語る理想主義者だな」

私の好きなイギリスの詩人、ウィリアム・ブレイクはこう言っています。

「認識のドアがきれいに磨かれ、物事がありのままに見えるようになれば、現実は無限である」

自分の現実がそうなって、「すべてが無限である状態」を想像できますか？　このような気づきを深めれば、あなたの現実はもはや物理的な世界によって定義されることはありません。

私は文化人類学者のマーガレット・ミードの言葉が好きです。

「決して疑ってはいけません。少数であっても、思慮深く、責任感のある人々からなる小さなグループが世界を変えることができるのです。それが唯一、これまでに起こったことです」

もう一度言いますが、自分が心で何かを思うことができれば、それを人生にもたらすことができるのです。

そして当然ですが、自分が考えられないことを、自身の人生にもたらすことはできません。

すばらしい、自由な生き方を創造するためにはまず、それを心に描くことです。

現実主義者であれば、こう言うでしょう。

「僕は自分の感覚で受け取ったこと、つまり、見えるもの、聞こえるもの、触れるもの、味わい、匂いを嗅《か》げるものしか信じられない」

しかし、それでは自分の能力を十分に発揮できず、「満たされない人生」を送ることが運命づけられてしまうでしょう。

「直感」は神のあなたに対する働きかけ

理想主義者になるためには、まず、**自分の直感を信じること**です。

どうぞ、静かに宣言してください。

「今後、私は自分の現実を、自分の内なる智慧に基づいて、自分で決めます」

自分を信頼できるようになった時、あなたは自分を創造した神の智慧を信じられるようになるでしょう。また、直感が驚くほど鋭くなります。そして、直感に自分の人生を支配することをゆだねれば、自分を閉じ込め、縛《しば》っていた「現実的な」悲観主義をなくすことができます。

私は『Everyday Wisdom』(『勝ちぐせをつけるクスリ』三笠書房)の中で、こう書いています。

「もし、祈りが神に対するあなたの話しかけであるなら、直感は神のあなたに対する話しかけです」

自分が直感的に知っていること、心からの欲求は、神からの働きかけです。その直感を無視すれば、大きな代償を支払うことになります。

私たちは誰もが、直感を無視した経験があるものです。後になってから、

「ノーと言うべきだと知っていたのに」

「あのことをしてはいけないと知っていたのに」

と言う羽目になったり、エゴに駆られた姿勢と向き合う必要に迫られたりします。遅かれ、早かれ、**直感を無視できない時点**はやってきます。

そして、**神との共同作業**を始めるようになります。

そんなことは不可能だよ、と言われたとしても、その前に「自分はできる」と信じていたことを思い出してください。

私自身の体験を話すと、子どもの頃、自分は絵を描くことがすごくうまいと、信じてい

ました。ところが小学四年生の時、先生が私にこう言いました。
「こんな下手くそな絵は見たことがない。君は絵が下手だね」
あの時からもう何年もたっていますが、私は未だに四年生の時に言われた自分の絵の才能に関するバカげた意見を引きずっています。

自分が信じるようになったすべてのこと――家族から引き継いだ信仰、本から学んだこと、教えられたことをすべて思い出してください。そして、自分の考え方に影響を与えているもの、「自分が心を閉ざす原因になったかもしれない」と思われるものをすべてチェックしてください。一つひとつを調べて、次のように言いましょう。

「今の私に不可能なことはない。昔吹き込まれた思い込みは、すべて手放します」

自分の考えに影響を与えてきたもののリストをつくってみると、おそらく百項目以上の手放すべき事柄を見つけ出すでしょう。もはやそれらは、あなたの人生に影響を与える必要はないのです。

その次に、あなたの「新しい現実」を創造する実験をしてみてください。

起こってほしいこと、会いたい人など、「自分にとって大切だと思うこと」のヴィジョンを持ち続けてください。それらが自分の人生に実現するように焦点を当てるのです。それを実現させていく途中で起こる「小さなこと」を全部書き留めてください。

しばらくすると、「自分の現実とは、自分が共同創造者として一つの役割を演じているもの」なのだと気づくでしょう。

「なりたい自分になれる」「人生に起こってほしいことは起こるんだ」と、深い所から信じられるようになるには、少し時間がかかるかもしれません。

しかし、自身の「内なるヴィジョン」を自分の中心に、そして前面に持ち続けていれば、それは必ず起こってくるでしょう。

練習問題

ミルトン・カビンスキーが出題した試験問題をやってみましょう。三時間半の時間が取れる時を選んでやってください。

そんなに長い時間をかけて、何のレッテルも用いずに自分とは何かを書いてみると、どんなことが起こってくるでしょうか？　この問題を考察することによって、何が見えてきますか？　そこで得られた強烈な感覚を、自分の人生の中心に据《す》えられますか？　自分の望みを、どのように効果的に実現させられるでしょうか？

PART 2

「本当の成功」とは何か

成功が幸せのための鍵ではありません。
幸せであることが成功の鍵なのです。
もし「自分のしていること」が好きならば、
あなたは成功するでしょう。

——アルベルト・シュバイツァー

第5章

「自分の中からの合図」に気づきなさい

「好きなこと」をしている人は無駄なエネルギーを消耗しない

私たちの多くは、「成功」と「幸せ」を結びつけて考えています。

そして自分の中に「私は成功している」という気持ちがあれば、人生のあらゆる面に成功がもたらされるでしょう。子育てでも、仕事でも、すべての面でです。

言い方を換えるならば、手数料をたくさん稼いだり、分け前を獲得できたりしたから成功するのではなく、「どれだけ顧客に尽くしたか」によって成功します。利益など忘れて、成長の過程で何かを発見することを楽しんでこそ、成功するのです。

あなたが**外に働きに出かけ、自分の好きなことをし、毎日に奇跡を起こせば、思ってもみなかったほどの成功がやってくる**ことでしょう。

とてもすばらしいたとえ話があります。

ある路地で、子猫が自分の尻尾《しっぽ》を追いかけて、くるくる回っているのを見て、年老いた猫が尋ねました。

「いったい、君は何をしているの？」

子猫が答えました。

「僕は猫の哲学学校で、猫には二つのとても大切な学びがあると知りました。一つは、幸せになるのが最も重要なこと。次に、幸せは尻尾にあるということ。

そこで僕は考えたのです。自分の尻尾を追いかけていれば、いつかそれをつかまえて、確実に永遠の幸せをつかめるだろう、と」

年老いた猫は答えました。

「残念ながら、私は哲学学校に行けなかったのだよ。私の人生はずっと、この路地のあたりだけだった。

でも、驚いたことに、私が学んだことは君が学んだことと同じだったのだよ。最も大切なのは幸せになること、そして、それは自分の尻尾にあるということだ。

たった一つ君と違うのは、**仕事に出かけ、自分にとって大事なことをやっていれば、幸せはどこに行こうと自分の後をついてくる**と発見したことなんだ」

「他人の意見」は参考までに聞いておく

成功についても同じです。

すでに言ったように、「外側の動機」で動く人の人生はつまらないものです。彼らは、成功の証《あかし》として金品や功績を求めようとします。

しかし、「内発的な動機」によって動く人は、他人を害さない限り、自分が正しいと思うことを実行します。大切なものを守るために、必要であれば権威に立ち向かう勇気さえ持っています。

つまり、**成功は自分の中に見つけるもの**なのです。

そのような人間であるために必要なのは、**「自分の中のシグナル」に注意を払う**ことです。他人の意見や外的要因には目を向けず、自分の中のガイドにのみ従えば、おのずと自分の道を知ることができます。

他人があなたをどう思おうと、それは「他人の意見」にすぎません。さらに言えば、他人の意見がいつも正しいとは限らず、少なくとも、あなたの真実ではないのです。

そして、他人の意見は私たちを痛めつけることも、滅ぼすことも、おとしめることもできないのです。

他人の意見と同様に、「名声」にも、価値はありません。たとえば、私は千人もの人々の前で講演をしますが、「講演に来てくれた千人の人々」が、私の「名声」をつくり上げます。しかし、千人の人間がいれば、千の評価があり、私はその中の誰の意見もコントロールできません。つまり、名声についてやきもきしている時、自分の評価は私の手の内にはなく、他人の手の中にあるということです。

私は名声を気にしません。興味もありません。それは自分の外側の問題だからです。私が気にするとしたら、それは**自分の人格**についてです。それは私の内面の問題であり、責任は常に私にあります。人が私のことをどう認識するかはコントロールできませんが、私の人格は自分の思考と愛によって決まるからです。

名声も所詮は〝外側のもの〟

ある時、私が書いた本について、二通の手紙をもらいました。一通の手紙には次のように書いてありました。

「こんなにすばらしい本は初めて読みました。最高の本です。私の人生は、先生のこの本によって、完全に変わりました」

彼は、自分の人生に起こった変容は私のお陰だと言ってくれました。同じ日に、同じ本を読んだ別の読者からの手紙も届きました。

「あなたの本はひどすぎます。本の代金を返してもらいたいほどです」

そこで、私はとても褒《ほ》めてくれた手紙のコピーを怒り狂った人に送り、ひどく怒った人の手紙のコピーを褒めてくれた人に送ったのです。そして、

「あなたの意見が正しいかもしれません」

と、短い手紙を添えました。

「私は正しくて、あなたは間違っている」

といった内容のことを書くのではなく、です。

他人の考えに振り回されてオロオロして、エネルギーを消耗するのはつまらないことです。他人の考えは、あくまで他人の考えにすぎません。外側の物事に心を動かされていては、成功を享受《きょうじゅ》することはできないのです。

失敗の中にこそ「力をもらえるチャンス」がある

誰かの助言を受け入れたことで、好ましくない結果が生じた時は、失望のあまり他人を非難するのではなく、それを選択した自分の責任を受け入れることです。

たとえば、証券会社の営業に勧められて買った株が下落したとしましょう。この時、その株を私に買わせたのは、証券会社の営業のアドバイスではなく、「よし、この株を買って、お金を短期間で儲けよう。彼は、『この株は上がりますよ』と言った。だから私はそれを信じて、株を買う。私が決めたことだ」

という自分自身の意思だったのです。証券会社の営業を責めることはできません。「別の証券会社に変える必要があるな」とは思うかもしれませんが、私は損失の責任を自分で取ります。

失敗や損失など、自分に何か悪いことが起こった時、そこには**「力をもらえるチャンス」**が隠されています。どんな問題であろうと、その解決の種は問題の中にあります。

「なんで、自分はこんな酷《ひど》い目に遭うんだ」と絶望したり、頭が混乱しそうになったりした時こそ、その出来事や問題の相手に感謝してください。それらの出来事や人物は、「自分のことを省《かえり》みなさい」と半ば強制的に仕向けてくれたのですから。

あなたをコントロールしているのは、あなたが直面している問題ではありません。なぜなら、あなたは問題を適切に処理し、先に進むことができるからです。

「正面から取り組む」から先に進める

一方で、私たちは、自分が「正面から取り組まないもの」にコントロールされがちです。食欲に正面から取り組もうとはしない太りすぎの人、自分が働きすぎである事実と正面から取り組まないワーカホリック（仕事中毒の人）、人間関係における問題に正面から取り組まない人たちなどを見ればわかるでしょう。

もし、あなたが人間関係において、「ノー」と言えなければ、最終的には関係そのものが壊れてしまいます。そうならないためには**「境界線」**を持つ必要があります。

最も愛する人、たとえば、パートナー、子ども、家族、友人などとの間にも境界線が必要です。

「私は自分自身でいる必要がある」

ということを、彼らに知らせなければなりません。

そして、自分にとって受け入れられないことを彼らが要求してきたら、はっきり「ノー」と言わなければなりません。

「いいえ。私には、それはできません。あなたの犠牲者にも召使《めしつか》いにもなれません。いつどこに行けとか、このように考えよとか言われても、それには従えません。あなたにコントロールされるような人間にはなれないのです」

信じられないかもしれませんが、このように明言すると、かえって二人の関係は強くなるのです。

「他人の意見にコントロールされない人」が持つ確信

他人から酷い扱いを受けた時、怒りにまかせてその場を立ち去ることで、自分の望みを諦《あきら》める必要はありません。自分の中の「確信」と「愛」に基づいて行動できるようになってください。

自分の中にあるものは、自分の考えたことの結果です。すべての人々との出会いがすばらしいものになると期待してかまいません。もし、自分と違う意見の持ち主に出会った時は、「常に愛で対応することを学ぶチャンス」だと思ってください。

自分の持っていないものを、人に与えることはできません。自分に対する愛がなければ、他人を愛することもできないのです。

自分への健全な愛とは、「うぬぼれ」とは違うものです。

うぬぼれとは、外的要因に突き動かされて自己承認を求めること。もし、いい気分になりたいからと、「自分はすごい人間なのだ」と人に吹聴《ふいちょう》しているとしたら、あなたは他人の意見にコントロールされています。

自分のパワーだけでは、自分を好きになってもらえないと諦めているのです。少しも自分を愛していないからです。

限界のない人間、つまり、覚醒した人は**「自分自身との静かな恋愛関係」**と私が呼ぶ関係を持っています。彼らに、

「あなたは自分を愛していますか？」

と聞くと、こう答えるでしょう。

「もちろんです。ありのままの自分を愛さないなんてことがあり得ますか？」

このような人は、とても活動的です。自分がしようと思っていることや、自らの使命に焦点を当てて生きているので、隣人が何をしているか、他人が自分のことをどう言っているか、気がつきさえしません。

彼らは他人を非難せず、自分の中の「シグナル」に従って行動します。そして**「シグナル」は常に、愛からやってくる**のです。

「フラットで風通しのよいネットワーク」のすばらしい効果

「宇宙の愛の力」は、至る所にあり、すべての人のためにあります。

あなたが誰であれ、どこにいようと、どんな状況にいようと、それは変わりません。マンションに住んでいようが、刑務所の中にいようが、公園のホームレスであろうが、変わりません。

あなたは神聖な存在であり、宇宙の完璧さの中に存在します。そして、その一部です。

誰もが宇宙の一部であり、宇宙とつながれば、人生に大きな変容が起こることでしょう。

もちろん、それがあなたに起こるかどうかは保証できませんが、私の知る限り、**愛の道を選んだ人々は、「以前あった問題が今はなくなった」**と言っています。

では、「宇宙の愛の力」をビジネスの世界に持ち込むと、どのようなことが起こるのでしょうか？

多くの場合、「権力のエネルギー」は上から下に流れています。社長から副社長、部長、課長、そして平社員、アルバイトへ、という流れです。そして、この上意下達のエネルギーの中にいる人は、なるべく自分の手に大きな権力が入るよう立ち回ります。

しかし、組織におけるエネルギーの流れには、もう一つあります。それは**「ネットワーク」**と呼ばれている流れです。そこでは誰もが愛のパワーを与え合い、愛を独占しようとはしません。誰もが、組織の中のすべての人を助けるために働いています。

アイデアさえも、独り占めしない

この「ネットワーク」方式は、何かを成し遂げたい時に、すばらしい効果をもたらします。

フラットで風通しがよく、誰かのアイデアをいい形でふくらませていけるからです。だから、いつも、誰とでも、ネットワークをつくってください。自分に権力を集め、自分の仕事のために人を利用するような組織ではなく、です。

私が自著を人にプレゼントするのは、ネットワークをつくっているようなものです。すでに書いたとおり、私はお金のために仕事をしてはいません。人の人生を変えることに喜びを感じて、そうしているのです。


講演をする時、私はいつも質問します。

「撮影はするのですか？」

時々、彼らはとても緊張して、答えます。

「ええ、考えてみたのですが、費用の点でなかなか簡単にいきません」

私は言います。

「ただ、レコーダーを持ってくればいいのです。そうすれば、会社の人全員にそれを聴かせて、社員教育に使えますよ。費用なんてかかりません。大量につくらなくてもいいのですから」

この時、私が考えているのは、ネットワークってなんてすばらしいのだろう、ということです。人々の人生の質を高めるために、楽しくて素敵な話をするのであれば、できるだけ多くの人に聞いてもらいたいと、あなたも思いませんか。

それこそが本当の「ウィン・ウィン」のゲームです。誰かが私の話を聞いて、それを他の誰かに伝えたら、その人が、

「これはとてもいい話だ、彼の本を買ってみようか」

と思うかもしれません。私の目的は本を売ることではありませんが、人のためにしたことが何倍にもなって返ってくるよい例です。

与えれば与えるほど、自分に返ってくる

さらに、私の本の出版に関わる人たち、つまり、編集者や、本のデザイナー、本を荷造りして流通に携わる人たちなど、そこから収入を得る人々も、私の本が売れるたびに、このネットワークの一部を担《にな》うことになります。

なぜなら、本を読むことで誰かの人生がよくなり、それが人づてに伝わって広がっていく時、彼らはその最初のきっかけを担っているからです。

自分の利益を考えず、ただ人に与えること。

そう、**与えれば与えるほど、自分に返ってくる**のです。

ここで大切なことを言っておきましょう。あなたが見返りを求めて、何かを無償で与え

たとします。すると十分なものは返ってきません。

なぜなら、「もっと、もっと得たい」と求める時、それは「不足している」という思い込みに支配されているからなのです。

逆に、「すでに十分にある」と考え、そのことにとても感謝していると、より多くのものがあなたの人生にもたらされます。

それが、「覚醒した状態にいる」「より高い意識状態にいる」ということです。


私はすでに十分に持っています。

必要なものは、すべて持っています。

それは、完全な平和であり、幸せです。

それ以上のものが私にもたらされるとすれば、それはボーナスです。


これがネットワークなのです。

練習問題

あなたにとって、これまで成功とは何だったでしょうか？　すばらしい家を持つこと、高い給料を得ること、クローゼットいっぱいの服を持つこと、最新のアイフォンを一番早く手に入れる人になることでしょうか？

日記帳に思いついたことをどんどん書いてください。次に、あなたの内面から出てきた新しい成功像を数分間、思い描いてください。あなたが自分の尻尾を追いかける猫ではないとしたら、どのような「成功した自分の姿」が想像できますか？　それについても書き記してください。そして、どのような姿が今の自分にぴったりだと感じられるでしょうか？

第6章

どんな時も人生に「イエス」と言おう

生きるのが断然楽しくなる「現実」との向き合い方

まだ若いのに末期ガンを患《わずら》った友人がいます。医者は、ガン告知の際、友人に言いました。

「今、この十五秒間で、このガンに負けるか、ガンを打ち負かすか決心しなさい。『**もうダメだ。そんなこと、できっこない。あんまりだ**』と思ったり、『こんなことはあり得ない、なんで自分ばかりがこんな目に遭うのだろうか』などと取り乱したりしたら、犠牲者の一人になるでしょう。

でも、冷静になって、『**チャンスはあるはずだ**』と思えれば、病に打ち勝つチャンスを手にするはずです」

私の友人は、すぐにガンを打ち負かすと決心しました。そして、彼は実際に打ち負かしたのです。私はこの感動的な物語を思い出すたびに、人間にはとてつもないことをやってのける力が備わっていることを再確認しています。

「最も高いレベルの人々」が見ている景色

脳は信じられないような力を持っています。脳という器官は非常に巨大で、無限ともいえる大きさを持っています。

一兆個もの細胞からなり、何十億回でも意志決定する能力があり、記憶銀行には一生を通じてのすべての記憶が蓄えられます。さらに、計算の仕方、いくつもの言語を憶える力、したいことは何でもできる能力を持ち合わせています。

もし、同じだけの能力を持つコンピュータをつくろうとしたら、テキサス州と同じくらいの面積が必要になるとか。テキサスを横断するには、時速七十マイル（約百十三キロ）で走ったとしても一日はかかります。

つまり、あなたには、ものすごいコンピュータが組み込まれているのです。でも、そんな高性能のコンピュータをどれだけ使いこなしているでしょうか。

脳をどれだけ使うかは、自分の意志次第。ほんのちょっとしか使っていないなら、それを今、変える時です。

多くの人々が、自分にすばらしい能力があることに気がつかないまま、日々の雑事に追われていることを、私は時々、不思議に思います。それは、すべてを後ろ向きに、否定的にとらえてしまう考え方へとつながっていくと思います。気が滅入ることばかりを見つけ出してしまうのです。

たとえば、私は自分が失職するかもしれないなんて、考えたこともありません。家族から大恐慌時代にどんなに大変な思いをしたかを聞かされ、また、なんとかその時代を乗り切った話も、たくさんの人々から聞いています。「人間なんて限られた力しかないのだ」と、多くの人が私に教えようとしました。

しかし、私は**人間がどんなすばらしいことができるかに焦点を当てる**ほうが好きです。人間に限界があるという話は信じません。

そして、私が今までに会った**最も高いレベルの人々は、何事にも「イエス」と言う人たち**であり、世の中のすべてを愛していました。

「自分でチャンスをつくり出せる人」の行動力と心構え

私は若い頃、バッグボーイ（袋に品物を詰める係）をしていたことがあります。今でも、スーパーマーケットに行くと、バッグボーイの仕事ぶりをつい観察してしまいます。

必ず見かけるのは、私が「ワンバッグボーイ」と呼ぶタイプの人たちです。彼らは慎重に袋を開けて、豆の缶詰を取り上げてよく見てから、袋の中に入れます。その間にカウンターは袋に詰められるのを待つ品物でいっぱいになり、レジ係の女性はお金を受け取るという自分の仕事を止めて袋詰めを手伝う羽目になります。

ところが少年の態度は、まるで自分を助けてくれないレジ係なんてこの世にいないと思っているかのようです。あくまでゆっくりと、自分のペースで仕事をします。彼は他人のことだけでなく、自分の人生にも無関心なのでしょう。

一方、私が「ツーバッガー」と呼ぶタイプの人たちもいます。彼らは二人のレジ係の手伝いをするのです。行ったり来たりしてキビキビと動き回りながら、どの客に対しても愛想よく、「お元気ですか?」などと楽しそうに話しかけます。手早く、効率的に品物を袋に詰めながらです。

卵を傷つけたり、パンを押しつぶしたりはしません。袋に詰め込むと、その袋をカートに載せ、次のレジ係のために同じように仕事をします。終わるとまた最初のレジ係の所に戻ります。彼は自分一人で競争をしているかのような、見事な働きぶりです。

ちなみに私は、いつもツーバッガーで、自分は「バッグボーイの世界チャンピオンだ」と自負するほど効率よくこなしていました。

「前向きな挑戦」が人生を明るくする

「ワンバッグボーイ」の行く末を、私は予言できます。彼は人生を通して自滅的な「ワンバッガー」でしょう。そして、一生、袋詰めをするか、同じような仕事をして人生を終わるでしょう。

彼は家に帰って、妻に言うはずです。

「会社で昇進できなかった。世の中は腐りきっている。上司が自分を嫌っているんだ。他の人が昇級したのに、自分は昇級させてもらえなかった。みんな僕を差別している。不公平なんだ。彼らはどうして僕をこんな目に遭わせるのだろう！」

彼の人生は不満だらけでしょう。そして、自分がいつも正しいと思い込むのです。

彼のあり方も言い分も、それなりに正しいのです。彼は次のように自分を納得させているからです。

「自分が今、このようになった原因は、すべて自分以外の人と、自分以外の物事のせいだ。自分の仕事に対する態度や行動とは何の関係もない。世の中には、私がうまくいくことを妨害する陰謀がある。彼らは私に成功されたくないのだ」

悲しいことですが、ワンバッガーはなかなか変われません。彼らは「別のよりよい選択」をするために、人生にどう責任を持って対応すればいいか知らないからです。

一方、ツーバッガーは、おそらく、四つも五つもチェーン店を所有して成功することでしょう。少なくとも、彼は自分に敗北を許しません。彼は成長するという心構えを持って人生を生き、すべてのことに挑戦します。

景気が悪くなって失業する、というようなことは起こりません。彼の成功は不景気などで左右されないのです。

たとえ、明日、解雇されたとしても、彼はあらゆる仕事に応募するでしょう。そして、百回断られたとしても、もう百回挑戦することでしょう。そうして、最終的には「自分の望む職」を得るのです。

彼は、**自分でチャンスをつくり出す希少な人**なのです。

「ワンバッガー」と「ツーバッガー」の違いを、あなたは説明できるでしょうか。どちらも同じ給料をもらい、同じ回数だけ休憩します。彼らの年齢も背景も、ほぼ同じです。それなのに、なぜ違いが生じるのでしょうか。

運？　それとも才能でしょうか。教育の差？　人間のタイプが違う？　いいえ、そのいずれも関係ありません。

答えは、**忍耐力**、**意欲**、**自尊心**にあります。

こうした資質を持つツーバッガーたちは、自分の内側から動機づけられており、自分の心の中に平和と落ち着きがあります。

「充実感の源」はどこにあるのか

いい仕事に就き、十分な収入があり、家庭を築くのは、とてもすばらしいことです。しかし、それは「内なる平和」への道ではありません。

「他人のしていること」の中に内なる平和を求める人、蓄えを得ることに内なる平和を求める人は、自身の「充実感の源」を、常に自分の外に求めていることになります。しかし、「自分の内側」を見つめない限り、内なる平和を見つけることはできません。

人生をもう少しくつろいだ、そして、より楽しいものにするためには、全く新しい「人生のルール」が必要です。古いルールは、「幸せになるためには、外部にあるものに焦点を当てなさい」と教えます。

しかし、もし「内なる平和」が欲しいのであれば、全く逆のことをしてください。**自分自身と相談し、自分を喜ばせる**のです。そして、あまり心配しないこと。

ヤーセイヤー、つまり**「イエスと言う人」**にならなくてはいけないのです。

「新しいこと」にトライすると心にワクワクが溢れてくる

自滅的なネイセイヤー（何事にも拒否反応を示す人）は、未知のものに対して、とても怖れを感じています。いつも安全でありたいのです。

彼らは未知の領域に足を踏み入れることを怖れます。危険を冒すことを嫌がります。変化に遭うと泣きべそをかき、不満を言います。新しい考え方を怖れ、自分が慣れ親しんでいることだけにしがみつきます。

彼らはすばらしいチャンスがあっても、冒険しようとはしません。仕事の変化にも対応しようとはしません。あまりにも恐ろしいし、失敗するかもしれないからです。失敗の可能性に直面するよりも、慣れ親しんだ世界を守ろうとします。夫婦関係、友人関係、食事をするレストランまで、現状を守ろうとします。いつも同じレストランに行って、同じ肉料理を繰り返し食べるのです。初めての料理に挑戦してみようともしません。それが嫌いだからというわけではなく、知らない料理を敬遠するだけです。

「未知の世界」にときめいてみる

一方で、限界のないヤーセイヤー（イエスと言う人）は、知らないことを喜んで受け入れます。実際に、彼らは未知の世界に大喜びで飛び込みます。

この種の人々は計画や目的地を持たず、どのようなことが起こるのかを前もって知る必要もありません。誰かにおじけづくこともありません。偏見を持っていないからです。彼らは、すべてのことに心を開いています。

たとえば、自滅的な人は、外国語を学ぼうなどとは夢にも思いません。彼らはこんなふうに言います。

「僕が外国語を話せないのは、高校時代に習わなかったからだよ」

彼らは高校を卒業してから何年も何十年もたっているのですから、その間にやりたいことは何でもできたはずです。新しい言葉を学ぶことだってもちろんできるのに、そんなことは頭の片隅にもないのです。

もし、「目覚めた人」であれば、たとえ九十歳であろうと、外国語クラスのリストを見て言うでしょう。

「スペイン語を勉強しようかな。まだ一度も話したことがないから」

不思議な世界、未知の世界の探究者だったアルベルト・アインシュタインは、こう言っています。

「私たちが体験できる最もすばらしいことは、不思議な世界を経験することです」

「現状維持」から「未知の領域」に踏み出そう

もし、あなたがいつものやり方で物事をやり続けていたら、進歩は起こりません。現状維持を願い、慣れ親しんだことに執着し、新しい物事に挑戦しないならば、決して成長できないのです。

限界のない人は、未知の領域にワクワクします。そんな前向きのヤーセイヤーになるには、どうすればいいのでしょうか。

たとえば、地図を持たずに旅に出かけることです。ホテルの部屋が空いていなければ、車の中でも眠れるし、星空の下で眠ることもできます。さもなければ、「西」へ向かうのです。角を曲がる時はいつも、西に向かっているか確認してください。なぜ西なのかと思うかもしれませんが、試しにやってみること。そして、どこに行き着いたとしても大して問題はないことを知ってください。

公園を裸足《はだし》で歩いたり、ビーチで愛を交わしたりしてください。いつも自分がしているのとは違うことを、違うやり方でやってみてください。過去二十年間、毎年行っている場所へ行って、同じホテルの同じベッドに眠るのをやめてみることです。

未知のことを避けて、一生を過ごす人たちもいます。本人はそれでいいと感じているとしても、彼らは**「内なる平和」の感覚**を持っていません。新しいことをやってみようと思わないとしたら、本当の意味で、内なる平和を味わえないのです。

「うまくいく」と信じていると
チャンスが見えてくる

限界のない人があるパーティーの会場に着いて初めて、他の人たちは正装で参加していると知った時、普段着のままで来てしまった彼はどうすると思いますか？

彼らはそんなことに気がつきもしません。外側の身なりを気にしていないからです。他の人がどんな服装をしていようが、どのようにおしゃれをしていようが、彼らは気がつきません。そして、服装はその人の行為の一つにすぎないと思っています。

いつでも、自分が着たいと感じたものを着ればいいのです。

だからといって、正式な行事にテニスシューズと腰巻き姿で行ってもよいというわけではありません。それは、人々に自分が特別な人間であると印象づけようとする行為であり、他人の印象にコントロールされているにすぎないのです。

限界のない人々は、他の人がどう反応するか、何と言うか、何と思うか、何と感じるか、どのような服を着るかに基づいて、自分の装いを決めたりはしません。彼らは自分の感覚に従って、自分に一番ふさわしいと感じる服装をします。どこかの会場に着いた時、「大変だ！　みんなはジーンズ姿だ、自分は違う、どうしよう」「家に帰って、他の人たちと同じような服を着てこなければ」などとは言いません。彼らはそもそも気がつかないでしょう。誰かに指摘されて、初めて気がつくのです。

「何をやっても成功してしまう人」の秘密

憶えておいてください。あなたが愛を追い求めると、愛はいつも巧みにあなたから逃げていきます。幸せを追い求めると、幸せはあなたから巧みに逃げてしまいます。

しかし、**あなたが愛そのもの、幸せそのものになった時、それはそこにある**でしょう。あなたが成功や愛を捕まえるのではなく、成功や愛があなたを捕まえるのです。

自己愛、あるいは自己受容を理解するためには、**「あなたがしていることがあなたを見つけたのであって、あなたがそれを見つけたのではない」**ということの意味を、理解すること。

あなたの思考の動きが、自己イメージをつくります。そして、自己イメージがあなたの行動をつくり出します。あなたがうまくいくと信じれば、チャンスが見え始めます。逆に信じなければ、障害がたちふさがるでしょう。

私は、懸命に働いて正しいことをする人がお金を得ると、信じたことはありません。逆なのです。成功する人は何をしてもお金持ちになり、多くの友人ができます。

なぜならば、**成功する人は、彼らの中に「本当の自分」があるから**です。

練習問題

これまで自分がネイセイヤーになってしまったことがあったら、日記にそのことを書き出してみよう。いつもやってみたいと思いながら、するのが怖かったこととは何ですか？

次に、恐怖に引き止められずに、あなたのハートが本当にやりたかったことにイエスと答えたら、何が起こったかを書いてみよう。勇気を持ってそこに飛び込んで、ヤーセイヤーになりましょう！

第7章

もっと「自分に正直に」生きる

「過去へのこだわり」から自由になる方法

自分の「インナーチャイルド」（内なる子ども。傷ついた子どもの心）を自由にすることを怖く感じる人がいます。

子ども時代があまり幸せでなかった人であれば、自己意識はごく幼い頃に傷ついているかもしれません。しかし、あなたがすでに今、大人であれば、「私の人生で、○○できなかったのは、あの人たちのせい」と、**両親のせいにするのはやめる時**が来ています。

もし、子どもの頃、両親は自分のやりたかったことをやらせてくれなかったと感じているならば、今こそ、自分の力でそれを何とかする時です。

私はクライアントによく言います。

「あなたは子どもの頃は、父親にどう接したらよいのか、わかりませんでした。両親やおじいさんなどから当然もらえるはずの愛情や権利を手に入れる方法を知らなかったのです。あなたは小さくて、彼らは大きかった。そして、彼らは規則やあれやこれやを押しつけてきたことでしょう。しかし今なら、両親にどのように対応すればいいか、わかるはずです」

それでも多くの人は、**間違いを追及**したがります。そしてセラピストや友達に、物事がうまくいかなかった理由を並べ立てます。私はたくさんの人と接するうちに、**ほとんどの人が自分の人生に責任を持つよりも、言い訳を探している**ことに気がつきました。

私はクライアントに口を酸《す》っぱくして言いました。

「子どもだったとしても、その時のあなたは選択したのです。学校で同じ先生に出会った人は五十人以上いるでしょうが、先生に対して、他の子どもたちとは全く違う反応を見せる子どもが何人かいます。支配されない、犠牲者だと感じない、そして虐《いじ》められない方法をなぜか知っている子どもたちです。

彼らは人生の早い頃から、自分が信じることを主張します。それが選択なのです。その時、あなたは他の選択をする方法を知らなかったかもしれません。または、怖かったり、勇気がなかったりしたのでしょう。しかし、大切なことは、人間としての自分自身に責任を持ち、人生を通してずっとそうし続けることなのです」

あなたは「やりたいこと」を何でもできる

私は子どものいる家族をたくさん知っていますが、一部の子どもたちはどんな状況にいても、「幸せな子ども時代を送るため」の方策を見つけ出します。他の人であれば打ちのめされ、「支配されている」とネガティブにとらえてしまうような状況にいても、です。私自身、子ども時代のほとんどを里親の家や孤児院で過ごし、父親を知りませんでした。しかし、私はこの状況に打ちのめされたりはせず、すばらしい人生を送ってきました。私が特別なわけではありません。誰でも、これまでの人生行路、つまり過去に焦点を当てるのをやめることはできます。

「親の影響」は重要ではない、子どもの人生を左右しない、と言っているわけではありません。しかし、過去に文句をつけても、何もいいことは起こりません。自分の過去の責任は自分にあります。それがわかれば、すばらしい現在にするために変わることができます。

もし、自分の子ども時代が幸せではなかったと思うのであれば、今、修復しましょう。

「遊園地に一度も行けなかった」

とあなたは言うかもしれません。でも、遊園地は今でもあちこちにあります。

「私は六十八歳だから」

と躊躇《ちゅうちょ》するかもしれません。でも、確かに三歳のあなたは行けなかったけれど、今のあなたなら、遊園地に行くのを邪魔するものは何もありません。遊園地はそこにあり、入場料を払えば入れてくれます。あなたは**やりたいことを何でもできる**のです。

あなたは、自分の人生と選択に常に責任を持っています。

「彼らは古くさい人間だ」「私にいっぱい規則を押しつけた」「両親はすごく厳しかった」「この年齢の子どもたちのことを、彼らはわかっていない」などと両親に文句ばかり言っていても、何もいいことはありません。

「自分が今手にしているもの」をどのようにすべきか、「自分が今どこにいるか」を考えてください。

手に入れられなかった物事に焦点を当てたり、それを他人のせいにしたりするのをやめてください。そうすれば人生で手に入れたいものを手に入れ、悩むのをやめられます。あなたの両親は、彼らのやり方で生きています。でも、これはあなたの人生なのです。

「親の生き方」は子どもにたくさんのことを伝えている

自分が親として、優れた子どもを育てたいとしたら、どうしますか？

子どもたちが目的を達成するのを助けることは親の使命の一つですが、それを子どもの代わりにやってあげることはできません。

親が子どもにしてあげられる最良のことは、**優れた行動のモデルになること**です。親をどう扱えばいいか、自分が子どもたちに教えたとおりに、あなたは彼らから扱われます。だから、あなたの人生のたった一時間でも損なうような振る舞いは許さない、ということを子どもたちにきちんと示してください。

「あなたを助けるためにいてあげるよ」と、子どもたちに伝えることはできます。彼らと話し、あなたが何をしているか説明することもできます。しかし、**子どもたちは親の話すことや教えよりも、「生き方」によって、親が言いたいことを理解**します。

たとえば、子どもが悪い成績表を持って学校から帰ってきた時、それはあなたの一日を惨めにするでしょうか？　成績表は誰の問題か、一度自分に聞いてください。そんなことに憤慨《ふんがい》して、なぜ自分の問題にしてしまうのでしょうか？

絶対にしてはならないことは、慌てふためいて自分の人生を惨めにすることです。親が泰然《たいぜん》としていることで、「自分の振る舞いは自分の問題だ」と子どもたちに教えると同時に、愛情ある親でいられるのです。「自分の振る舞いは自分の問題だ」とわかれば、彼らは自分で自分の行動に責任を取り、行動の結果起こったことを受け入れるようになるのです。

親として「これだけは知っておきたいこと」

親に敬意を払わない子どもを持つ親に、

「子どもたちに対して、どんなふうに振る舞っていますか」

と質問すると、多くの場合、

「子どもたちにランチを用意し、洗濯をしてあげています」

といった答えが返ってきます。親を名前で呼ぶ子どもの親に同じ質問をすると、

「ええ、息子は自我が発達してきたのです。……私は今も彼のランチをつくり、スポーツ

クラブに車で送り、学校の送り迎えをしています」

これで息子が変わろうという気になるでしょうか？　その代わりに彼に、こう言ってください。

「あなたに『もっと感謝しなさい、もっと丁寧《ていねい》な呼び方に変えなさい』と命令はしないけれど、私をそんなふうに呼ぶのはやめなさい。あなたのために、何かをやってあげる必要はもうないということね。あなたがそうしたいのであれば、私のいないところでやりなさい。私はあなたに今までどおり奉仕するのも、あなたの召使いになるのも、もうやめます」

親は子どもの召使いでも被害者でもなく、自分の人生を子どものために犠牲にする義務もありません。子どもに対する親の義務とは、愛情深くて優しい人間、自分の人生に責任を持って的確に対応できる人間、また子育てに限らず、人生の意味と使命を持つ人間としてのモデルになることです。

子どもたちが親の中にそのような人間像を見れば、彼らも自然とそのようになります。

「チャレンジ」と「失敗」を子どもに体験させる

もう一つの大切なことは、物事を試みること、失敗することなど、健全な大人に成長する過程に起こるあらゆることを、彼らに許すことです。そして、子どもの非行を我慢する親のモデルにならないことです。

子どもが風船ガムを欲しがったとします。あなたはダメだと言いますが、彼は聞きません。何回もダメだと繰り返し、子どもがわめき始めて、ついにあなたは譲歩します。

「お金をあげるから買ってきなさい」

その時、あなたが伝えているメッセージは、

「風船ガムが欲しかったら、わめかないとダメ」

です。それが、あなたが子どもたちに教えていることなのです。

私の子どもも含めて、世界中の子どもたちが風船ガムを欲しがり、わめきます。そのたびに私は、こうした振る舞いはすべきではなく、「風船ガムは買いません」と、子どもたちにははっきりと教えるのです。私は彼らに威嚇《いかく》されず、脅《おど》されず、彼らの犠牲者にも、言うままにもなりません。

子どもたちがあなたを尊敬しないのに、あなたは彼らの弁当をつくり、宿題を代わりにやり、運転手をし、すぐにお金を渡しているとしたら、それは、

「私をずっとひどく扱い続けてください。さあ、私もそれを応援するから」

と言っているのと同じです。そのようなことはすべきではない、と私は思います。

魚を与えるより「魚の釣り方」を教えること

子どもたちに一切苦労をさせるべきではないと、私は思いません。私が知っている多くの親たちは、子どもの時、外に出て仕事を探し、芝刈りや雪かきをして、一セント、十セント、二十五セントと、一生懸命に小遣い稼ぎをしていました。

それなのに今では、欲しいものは何でも手に入ると思い込んでいる上に、親が自分を迎えに来て、どこにでも連れて行ってくれる、と思っている子どもたちがいるのです。

私は、次の古いことわざが大好きです。

「人に魚をあげると、あなたは一日、彼を食べさせることができる。魚の捕り方を教えると、あなたは一生、彼を食べさせることができる」

この言葉の中には、真理がいっぱい詰まっています。

真に成功する子どもたちを育てるためには、あなた自身を成功に導いた経験を、彼らから奪ってはなりません。子どもたちを外に出して働かせなさい。そして苦労をさせるのです。成長の途上で、子どもたちが自分自身の学びを楽しむのを許してあげてください。

「あらゆることを試す意欲」が湧いてくる場所とは？

先にも取り上げた「失敗」という概念ですが、実は失敗を非常に肯定的に見ることもできます。私は何度も失敗を経験してきましたが、それをチャンスだと見なしました。何事かを成し遂げる人たちは、人生で失敗することを怖れません。そして失敗するたびに立ち上がり、ホコリを払い、

「そうか、これはうまくいかなかった。もうこれをすべきでない、とわかった」

と言うのです。

私はいつも、トーマス・エジソンが電球を発明した時の話を思い出します。一万回試しても電球を製品化できずにいたエジソンに新聞記者は質問しました。

「一万回も失敗するって、どんな気持ちですか？　あなたのように有名な方には、大変な

ことでしょうね」

彼は答えました。

「失敗って、あなたが何を言っているのか私にはわかりません。今日、私は電球をつくることができない一万通りの方法を知ったのですよ。あなたは何を知っているのですか?」

失敗が悪い結果となるのは、あなたがそれを**「自己価値」**と同一視する時だけです。つまり、「これに失敗したからには、私は人間として失敗した」と思う時です。

あなたが手に入れられるうちで最も健全な場所とは、「あらゆることを試す意欲を持てる場所」です。限界のない人たちは、そこにいます。彼らは怖れを知らず、何でもやってみます。規則にとらわれず、また習慣、伝統、その他の権威にとらわれません。

「他人の評価」に一喜一憂しない

聴衆の前に行く時、私の自己価値は完全です。もし人々が私を好きであれば、それは結構なことです。喝采《かっさい》し、笑い、楽しんでくれたら、すばらしいことです。認められない時よりは確かに嬉しいでしょうが、私はそれを必要としてはいません。

もし認められるのを必要としていたら、認められなかった時はガッカリします。でも、それは「自分の外側の出来事」であって、私が行なうことの目的にはなりません。

聴衆の中にいる手を叩きも笑いもしない一人に注意を向けて、

「わかった？　僕はたいしたことないんだ。価値がないのだ」

と自分自身に言い聞かせるのは、おかしなことですよね。自分の話を好きでないたった一人の意見を、自分自身の価値よりも重要視するのですから。あなたについて他人が考えることは、あなた自身とは全然関係がありません！

自己価値は、

「私は誠実だ。私には価値がある。私は魅力がある。私は大切だ」

という信念からもたらされます。何も人に言いふらす必要はなく、自分自身と密《ひそ》やかな恋をすればいいのです。

そして、こうした心構えを子どもたちに教えることもできます。

いちいち「気にしない」心の持ち方

私が**『あなたは子どもたちのために本当は何を望んでいますか？』**(What Do You Really Want for Your Children?) という本を書いたのは、これがとても大切な質問だと思うからです。

娘のトレイシーが小学二年生の時、ひどく落ち込んで帰宅しました。

「ビリーは私を嫌いなの！」

と言って彼女は泣きました。

「わかった、今日はビリーの日なんだね。火曜日になると、いつもビリーはそうなるんだよね。トレイシーは自分のことが好きかな？」

「うん、もちろん私は自分が好きよ」

「じゃあ、それだけで十分だよ」

と私は言いました。

彼女はすぐに機嫌がよくなりました。父親がこんなふうに話すのに、慣れていたのです。

他の親なら、次のように言ったかもしれません。

「まあ大変、ビリーに好かれるには、私たち、どうしたらいいかしら？　そうね、ビリーをパーティーに呼ぶこともできるわ。あなたのおもちゃで遊んでもらうのもいいかも。できることは何でもしましょうね」

しかし私は、幼い子どもたちに、他人の自分に対する振る舞いが自分を落ち込ませて当然だ、という間違った学びを得てほしくありません。

私の子どもたちはケンカをしません。八人もいますが、子どもたちは、ひどいケンカを普通のことだとは思っていないのです。むしろ、お互いにケンカしたり、怒ったり、憎んだりするのは普通のことではないと、信じていました。

怒りや憎しみの衝動を和らげる、または全く持たなくする方法は学べます。そして、ケンカや怒りや痛みや絶望は、私たちを落ち込ませ、人生を破壊するものなのです。

私の子どもたちは、ほとんどすべてのことについて、世間一般とは違う考え方を持って育ちました。

しかし、私が最も誇りに思うのは、彼らがみな、愛で満ち溢れていることなのです。

「有言実行の人」が放つ気持ちのいいエネルギー

他人の行動が原因で苛立ちや怒り、つらさを感じ、絶望の中で過ごす一秒一秒は、自分の人生をコントロールするのを諦めている時間です。そして、

「あなたが私について思っていることは、私が自分について思うことよりも、ずっと大切です。だから、あなたが私を好きになってくれるために必要なことなら、私はどんなことでもやります」

と言っているのと同じなのです。

その代わりに、次の言葉を自分自身に繰り返し、言ってあげてください。

「私は自分自身を愛で満たします。そして、その愛を世界に送ります。私の愛を受け入れる人は、すばらしいです。受け入れない人は、その人が今いる所にいるだけです。

この惑星には、私がやっと理解し始めたカルマがあります。でも私は、自分の苦しみ、痛み、困難に責任を持つことの大切さを知っています。他の人の苦しみに対して私の愛を送ると、私は愛を返してもらうことを、理解しています」

宇宙を一つの銀行だと考えると、この銀行の最も素敵なところは、最高の利息を払ってくれる点です。あなたが千ドル相当の愛を送り出せば、千三百ドル相当の愛がその都度《つど》返ってきます。

千ドルは、巡るものは巡ることの証明であり、さらに三百ドル分のボーナスは、この愛の方法はすべての人に通じるものだということを、あなたに思い出させるためにあるのです。

「正直であること」の難しさと大切さ

宇宙が送り返すものを受け取るには、あなたが誠実な人であることが必要です。そして、**あなたの最高の到達点とは、有言実行の人になること**です。

つまり、あなたの口から出た言葉はすべて、常に自分の信念と一致している必要があります。冗談めかして言ったことも、自分をよく見せ、印象づけるためではなく、「本心」だということです。

自分をよく見せようとするには、現実をゆがめる必要があります。何かうそをつく時も、それはゆがみを生みます。ゆがみをつくり続けていると、やがてそれは癖《くせ》になります。でも、その癖は直そうと思えば、すぐに直せるのです。

それは「誠実さ」と呼ばれるかもしれないし、「子どものための模範として生きる能力」と呼ばれるかもしれませんが、自分の言葉どおりに生きるほうが、自分自身とは違う何かである振りをするよりも、ずっと大切です。

もし、自分の子どもたちや世界中の子どもたちに何かを教えたいと思うなら、あなたが**「成長と覚醒のモデル」**になることです。そのモデルから外れてしまう時、あなたは正直に生きているとは言えません。そして**正直でいることは、悟りの一部**なのです。

もし、子どもたちのことを正直でないからという理由で罰するなら、あなたは税金の支払い額をごまかすことはできません。税金の支払い額をごまかしながら、同時に正直で悟った人でいることはできないのです。

たばこの害悪について話しながら、たばこの煙を子どもたちの顔に吹きかけたり、栄養の大切さについて話しながら、いい加減な食生活をしているのでは、正直で悟った人であることはできません。

もし、あなたの言葉があなたの生き方と違っていたら、仕事仲間はあなたの話を聞きたがらないでしょう。

あなたが人生で出会うすべての人に対して、さらに全人類に対して正直であることがどれほど大切か、きちんと理解することが絶対に必要なのです。

練習問題

子どもの頃のことについて、ゆっくり考える時間をつくってください。あなたの子ども時代は幸せでしたか？　それとも、何かとても大切なものが欠けていたように感じますか？　許しの場で「両親との関係を見直すワーク」を行なう必要を感じますか？　幸せな子ども時代を体験したから、その恩恵を受けたと思いますか？

どんな過去を過ごしたとしても、現在の人生により多くの喜びをもたらすために、あなたの「インナーチャイルド」（内なる子ども。傷ついた子どもの心）を呼び出す方法をいくつか書いてみましょう。

次に、もしあなたが親であれば、自分の子どもとの関係について考えてください。子どもとの関係で修復したいと思っている、あなたが犯した間違いは何ですか？　あなたは子どもたちの無限の可能性を伸ばしていますか？　子どものいない人は、家族や友人の問題について考えましょう。あなたが関心のある近所の子どものことでもいいのです。

あなたの印象を書き留め、親または子どもであることについて、思ったことを何でも書いてみましょう。

第8章

「影響力のある人」はどこが違うのか

「指導的な立場」に昇進していく人の視点と洞察力

ここ数年、私は多くの大企業から招かれて講演をしています。私が彼らに提供するものは、一見するとビジネスとは相容《あいい》れない哲学のように見えるため、ちょっと驚かれるかもしれません。

でも、そうではないのです。なぜなら、ゼネラル・モーターズ、クライスラー、AT&Tといった企業からすべての人間を取り除いてしまったら、会社そのものが消えてしまうからです。残るのは、さび付いて壊れていくたくさんの機械や設備だけです。

あらゆるビジネスは、「人」で成り立っています。

すべての会社は幸せで、満足していて、自分自身を好きな人たちによって、支えられています。金銭トラブルを抱えていたり、中毒に苦しんだり、夫婦関係に悩んでいたり、鬱や不安で大変な人たちによってではありません。

どんなにその会社の規模が大きくても、業績を上げるためには従業員のための施策が必要とされています。

そのため、従業員が健康な身体を保つために運動する場所を、多くの企業が提供し始めています。瞑想《めいそう》やヨガをするためのスペースを設けることも多いのです。

そうすることで、彼らのマインドをいい状態に、つまり**「平和で最高の状態」**に保とうというわけです。

従業員の身体と脳をよりよい状態に保つ手助けをすることの重要性に、雇用者は気づき始めています。

「人を導いていく人」に求められる二つの要件

ビジネスにおけるリーダーとフォロワー、つまり「先導する人」と「ついていく人」の違いについては、多くの研究があります。それによると、二者を分けている二つの要件があるそうです。

1 常に「全体像」または「全体とのつながり」を見る

「問題指向」のフォロワーは、自分の職務と、その部署内で自分がしなければならないこと以外は見ようとしません。限られた仕事だけをこなすように訓練され、それが別部門や会社全体、株主にどのような影響を与えるかを考えません。

そして、次のように言います。

「これは私の部署の仕事ではないので、やりません。私の責任ではないので、経理か出荷を担当する部署に行ってください」

ずっと、こうした態度のままです。組織全体との関係をかんがみて、自分から一肌ぬぐということもないのです。

一方、「解決指向」のリーダーは、自分が行なうどんな仕事も、自分たちの部門のみならず、他部門や会社全体、さらに会社の利益に影響することを知っています。彼らはビジネス全体を意識し、ほとんど必ずと言っていいほど、「指導的な立場」へと昇進していきます。

彼らは「自分が行なうことは、自分にどう影響するだろうか?」といった狭い範囲で物事を見ないで、もっと大きな視点から物事を見ているからです。

2　起こっていることの「長期的な効果」を予測する

たとえば、飛行機内で客室乗務員が乗客に無礼な態度を取った時、リーダーはその行動が現在の組織全体に与える影響と同時に、数年先のビジネスにどのような影響を与えるかについても、すぐに気がつきます。

その不愉快な体験は、その場限りのものではありません。

なぜなら、この乗客は次回、飛行機に乗る時は、必ず別の航空会社を選ぶでしょう。向こう十年間は、そうするはずです。友達にこの不愉快な体験を話します。するとその友達もまた、同じ選択をするでしょう。

つまり、一人の乗客に対する失礼な態度が引き起こす長期的な影響は、航空会社全体に大きな打撃を与えかねないのです。

リーダーは、このような長期的な影響力を理解しています。彼らは「礼儀正しくサービスをするように」と訓練されているから、乗客に親切で優しいわけではありません。「人に礼儀正しく、親切であること」は、彼ら自身の生きる姿勢なのです。彼らは、自分たちと、組織と、大きな全体図のつながりを、本当に理解しているのです。

しかし、すべての中で最も大きな全体図についてこそ、実は私がここで言いたいことなのです。もし、自分の会社のことだけを考えて、誰かの行動が会社の将来にどう影響するのかだけを気にしているのであれば、あなたはまだ自分自身を制限しています。住む地域、国、そして世界全体への影響を考える必要があるのです。

リーダーシップの原則は、日々の仕事や家庭、人間関係に適用できますし、もっと外側に広げることもできます。まず、すべての敵対的、否定的な行動や、調和を欠いているすべての人たちのことをノートに書き留めてください。十分にたくさんの人が調和すると全世界に影響を与えることは、あなたもよくご存じのはずです。

あなたはリーダーとして、ヴィジョンをもっと大きく広げることが必要でしょう。会社やその一部門や家族の立派なリーダーであることと、人類の偉大なリーダーであることとは、全く別のことなのです。

そして、私たちはみな、**「自分は人類の偉大なリーダーだ」と認める**必要があるのです。

リーダーの素質――
「自分の直感」を信じて進めるか

どんな分野であれ、リーダーとは、「ゲームを正しい方法で行なう人」ではなく、**「自分の内側から来る合図を信頼する人」**です。

私たちはみな、何が自分にとって正しいかについて、「内なる合図」や「直感」を受けているものです。しかし、滅多にそれに従いません。

「自分にとって正しいこと」ではなく、「自分がすべきこと」「しなければならないこと」「したほうがいいこと」について、いつも考えています。

「するかも」「できたはず」「すべき」「かもしれない」「おそらく」「しなければならない」……。

自滅的な人たちは、こうした言葉をよく使います。

「こんなふうにできたはずだ」「こんなふうになっていさえすれば」「あんなふうにすべき

だった」……。

こんな言葉もよく口にします。

一方、限界のない人は、人生のすべてのことを「自分のやり方」で行なってきました。「そうするようになっていた」からです。「しないでいることは、できなかった」のです。「やるべきだったことは、できない」のにです。

「もし、これさえしなかったら」という言い訳は、限界や制限のない人たちには存在しません。

「すべきだった」思考は建設的ではない

私はずっと、人々が「できるはずだった」「そうなるはずだった」「すべきだった」と話すのを聞いてきました。しかし、自分が行なったこと以外のことが「できるはずだった」ということはあり得ません。それは不可能なのです。

十月にミネソタへ講演会に行った時、私は運転手に声をかけました。

「ここは美しいですね。あの葉っぱは、なんてすばらしい色なんだろう」

彼は言いました。

「いや、大したことないですよ。先週いらっしゃるべきでした」

私は答えました。

「でも、『先週来るべきだった』と言われても、私は絶対にそんなことはできませんよ。今は今週だもの」

彼は「なんてこった。おかしな奴を乗せたなあ」と言うかのように私を見ました。

でも、実際に私たちは時間を巻き戻して、過去に行くことはできないのです。

しかし、おどろくほど多くの人たちが、このように人生を送っています。たとえば、もし一九〇六年にコカコーラの株を五株買っていたとしたら、今、あなたは億万長者になっています。そう、みなさんはまだ生まれてもいなかったでしょう。

でも、「そうなっていたかも」とつい、考えてしまっていますよね。そして、誰かがそんなふうに話しているのを聞いたことはありませんか?

たとえば友達とテニスでダブルスを組んでいる時、相手のショットが私のすぐ横を抜けたとします。すると友人はこう言うでしょう。

「君は脇を守るべきだった」

私は茶化して彼に言います。

「『脇を守るべきだった』と言われても絶対にできない。誰もそんなことできないよ」

彼は言います。

「黙って、これからはもっと脇に注意しろ！」

もちろん、脇を守ることはできますが、「脇を守るべきだった」ことはできないのです。


人に向かって「何をすべきだった」と言うのは、建設的ではありません。

三時に電話をするように言っていたのに、子どもが五時にようやくかけてきた時、「三時に電話するべきだった」と叱《しか》れば、子どもは納得しないでしょう。「三時に電話すべきだった」ことを、今することはできないからです。

もしあなたが前日に、

「明日、もしあなたが三時に電話しなかったら、こんなことが起こるのよ……」と言えば、子どもは完全に理解することでしょう。しかし、たいていの場合、「すべきだった、できたはずだ」と言って誰かを責めるのは、単なる時間の無駄です。

「不可能」という場所に閉じこもらない

経営の分野で以前からよく言われている言葉があります。

「アヒルを、ワシの学校に行かせるな」

私たちの世界には多くのアヒルがいますが、ワシはあまりいません。そしてアヒルをワシにするのは、至難の業《わざ》です。**問題だけに焦点を当てるアヒル**は至る所にいますが、**限界を超えて高く飛ぼうとする貴重なワシ**は、ほとんどいません。

アヒルはアヒルのやり方で考えます。アヒルをワシにしようと訓練しても、アヒルがそのメッセージを理解するとは思えません。彼らは「不可能」という場所に閉じこもっています。

つまり、「自分たちはずっとこのやり方をしてきた。それが自分たちのやり方なのだ。それを変えるのは不可能だ」と考えているのです。

ある時、飛行機の中で、乗務員がひどく効率の悪いやり方で飲み物を配っていました。すでに食事は配られていましたが、飲み物のカートは、はるか遠くにあり、食事が終わるまで飲み物にありつけそうにないのです。

そこで私は思いました。

「乗務員はなぜ、一度に一人の注文しか取らないのだろうか？」

乗客は通路の両側に三人ずつ座っており、乗務員はその一人ひとりに何を飲みたいか聞き、カップを取って氷を入れ、飲み物をついで手渡します。六人に対してこれを繰り返すのです。そしてやっと、次の列に移ります。

これはアヒルのやり方です。

もし、ワシだったらこうするでしょう。

「さて六人のみなさん、何をご希望ですか？」

あとは仕事をするだけです。でも、この乗務員のようなアヒルは至る所にいます。

ちなみに、アヒルのカテゴリーに入る親は確実に一人もいません。子どもたちがいれば、彼らが泳ぐのを見守りながら本を読む方法や、夕食の支度をしながら宿題を助ける方法を学ぶ必要があるからです。

効率的な人間であれば、このすべてをどう行なうか、すぐに憶えます。座り込んで、「私は一度に一つのことしかできないのよ、子どもたち」なんて言わないでしょう。

◆「ルール」にこだわる人、柔軟に対応できる人

ある時、フロリダ州オーランドの豪華なホテルに泊まりました。私の部屋は「執事フロア」と呼ばれている九階にありました。このフロアの部屋代は一泊あたり百ドル高く設定されており、執事が世話をしてくれるのです。

最初の夜、午後七時から九時まで、温かい軽食が用意されていました。私がランニングをして戻ってきたのは九時十分でしたが、部屋に軽食を持ってきてもらえるかどうか、聞いてみました。

執事は言いました。

「もちろんです。もうキッチンは閉まっていますが、喜んで下からお部屋にお持ちします。おいしいデザートもございますが、いかがでしょうか？」

「それはいいですね！　お願いします」

翌朝、九時半まで朝食が用意されることになっていましたが、その時間、またもや私は

外にいました。九時半に二分ほど遅れて戻ってきて、ジュースを欲しいと頼むと、昨夜とは別の執事は、

「すみません、朝食は九時半に終わりました」

と言いました。

「わかっています。でも、オレンジジュースだけでも欲しいのです。喉《のど》が渇いているのですよ。ランニングしてきたところで、すぐに講演をしなければならないのです」

と私は頼みました。

「九時半に終わると、はっきりお知らせしています」

と執事は言いました。この人は典型的なアヒルでした。

二人の執事の違いがわかるでしょうか。違ったのは、物事に対する態度であり、考え方です。

「それはできない思考」に毒されないこと

私はある日、シカゴのオヘア空港から、フロリダ州のフォートローダデール行きの飛行機に乗る予定でしたが、その便が欠航になってしまいました。

私は職員に言いました。

「四十五分後にウェスト・パーム・ビーチ行きの便がありますよね。二十マイル（約三十二キロ）離れているだけです。その便に乗れるようにしてください。そうすれば、そこから私はフォートローダデールに行きます」

彼はコンピュータを見ながら言いました。

「申し訳ありませんが、それはできません」

「どうしてですか？　満席なのですか？」

「お席はあります。でもコンピュータでは、この二つは別々の都市になっています」

「マイアミとフォートローダデールは同じ都市だとされているのに、ウェスト・パーム・ビーチとフォートローダデールは別々の都市だとされているのですか？」

彼はまるで私がサンフランシスコに行きたいと頼んでいるかのように、言いました。

「コンピュータによると、その二つは別々の都市です。便を変えることはできません。申し訳ありませんが、四時間後の便に乗っていただかなければなりません。そのままのお値段で、その便にお乗りになれます」

「つまり、コンピュータが二つは別々の都市だと言っているので、私の便をキャンセルはするが、私の行きたい空港から二十マイルしか離れていない空港へは行かせない、と言うのですか？」

彼は言いました。

「そのとおりです。申し訳ありません。私には他にどうすることもできません」

もちろん、これは何百回となく、聞かされてきた言葉です。

いつものように、私は言いました。

「誰か他の人と話をさせてください。他の誰でもいいですから」

「申し訳ありません。たとえ上司を連れてきても、彼は同じことをお話しすると思います」

そして、彼は立ち去りかけました。

「待ってください」

彼がアヒル池に戻ろうとしているのを、私は知っていました。

「上の階に行ってください。どこでもいいから上に行って、ワシがいるかどうか、見てきてください」

「一体全体、あなたは何を言っているのですか？」

私は説明しました。

「誰でもかまいません。でもお願いですから、そんなことはできない、とまだ思い込んでいない人を連れてきてください。そのような人と私は話したいのです。私は補償金が欲しいのではありません。『それはできない』と信じていない人間と話したいのです」

彼はそのとおりにしてくれました。私を望みの便に乗せてくれるワシ人間を見つけたのです。すべてがあるべきように、うまくいきました。

世の中はアヒルだらけだ、ということを知っておくことです。そして、あなた自身がそうならないように、十分注意する必要があります。

成功とは、内なるプロセスであることを憶えておいてください。あなたの中にそれがあれば、何をやろうといつかあなたは成功し、人生を通してずっと、大空を舞い飛ぶことができるのです。

練習問題

これまでの人生で、あなたがアヒル、またはワシに出会った時のことを考えてください。どちらのタイプがあなた自身だと思いますか？

日記帳に、このことについて思うこと、感じることを書きます。

他の人に道を示すためにあなたの愛を輝かせることで、あなたがよりリーダーらしくなるには、どのようにすればよいでしょうか。

PART 3

あなたの「人生の使命」

あなたの情熱と使命に従う勇気を持ちなさい。
そしてもし、自分の使命が何かわからないのであれば、
あなたがこの地球上にいる理由の一つは、
使命を見つけることだと知ってください。

――オプラ・ウィンフリー

第9章

「目的意識」は心の羅針盤

誰もが「特別でユニークな存在」

大学で働いていた最後の数年間、私はできる限り健全な人間になる方法を若者たちに教えるためのカリキュラムをつくろうとしていました。もしあなたが子どもの親であり、「あなたは自分の子どもに何を望みますか」と質問されたら、多分、次のように答えるでしょう。

「子どもたちが幸せであることを望みます。満足しているように望みます。人生に目的意識を持ってほしいのです」

しかし、子どもたちはどこへ行けば、こうしたことを学べるのでしょうか？

罪悪感を持たないようにする方法、心配しない方法、自分のことを他人がどう思うかを気にしない方法、常に人の認可を求めるのをやめる方法、自分自身を愛する方法、未来や過去でなく今に生きる方法、犠牲者にならない方法、自分の感情をうまく扱う方法などについて、どこで学べるのでしょうか？

子どもたちはなぜ、こうしたテーマに関する授業を受けていないのでしょうか？

「内なる衝動の火」に突き動かされている人たち

これまですでに議論したように、**限界のない人であるために欠くことができない必須の資質の一つは、「自分の内なる衝動」に動かされていること**です。

彼らは正しいかどうか決めるために、「自分の内側からの合図」に意識を向け、自分自身の人生の使命が何か、そしてどのようにそれに従っていくかを決めます。

ほとんどの子どもたちは、本能的に自分の直感に耳を傾けていますが、学校に入ると、それを無視するように教えられます。学校に行って教師たちの教育方針について質問すると、ほとんどの場合、次のような答えが返ってくるでしょう。

「この学校では、それぞれの子どもが十分に自己成長し、自己実現するように教育しようとしています。私たちの学校に入学した子どもたちには、個性を生かして成長し、その子ならではの自己実現ができるようになる授業を与えたいと思っています」

これは全くのうそっぱちです。なぜならば、若者たちが目覚め、変容する徴候を示し始め、先生や校長に向かって、

「ちょっと待ってください！　なぜなんですか？　どうしてこんな校則があるのですか？　僕たちが少し変えてもいいですか？」

と権威に反抗するやいなや、彼らはたちまち抑圧され、黙るように言われます。子どもたちの**「内なる衝動の火」**を壊すためにしていることを、学校がすべてやめてしまうのを、私は見てみたいものです。

人はみな、自分が特別でユニークで重要な存在だと感じたがっています。大げさでなく、日々、「目的」または「使命感」を自分の人生に感じること以上に、大切なことはありません。私たちは全員、この世界に永久に足跡を残したいと思っているのです。

「自分にとって意味のあること」をする

私は作家、詩人のヘンリー・デイヴィッド・ソローの次の言葉が大好きです。

「人が自分の夢に向かって自信を持って進み、思い描いた人生を生きようと努力すると、彼はごく普通の生活で思いがけない成功に出会うだろう」

この言葉は、「自分にとって意味のあること」に向かって自信を持って挑戦すれば――つまりルールに従ったり、いい配偶者やいい親であったり、といったことに真剣にならなくても、自分のやり方で人生を生きれば――夢にも思わなかった方法で成功がやってくる、ということです。

しかし、あなたが自分の外側の何か、たとえばもっと高い給料を稼ぐこと、もっと豪華な休暇を取ることなど、「こうするべきである」とされていることを追いかけていると、心の平和は保たれません。心の平和がなければ、生きる理由も、目的意識もなくなります。あなたはただ、「うまくやっている」だけです。そして自分自身に言い続けます。「お願いだから、そこに行って面倒を起こすな、波風を立てるな、世間とうまくやるんだ」

これは、あなたの夢を生きるために必要なものではないはずです。

「ルールに従っているだけ」では人生の意味は見つからない

ごく若い頃から、私たちは一連の規則やガイドラインに従って行動するように条件付けされています。そして、人生の大部分でそれに従い続けます。その規則とは次のようなものです。

- そうするように期待されていることは何でも行ない、期待されていないことは何もしない。
- 人に言われたことを行ない、質問はしない。

- 学校に行き、いい成績を取る。先生を困らせてはいけない。
- できれば大学に行く。行けなかったら、働きに出る。
- 人並みの給料を持ち帰るために必要な訓練を受ける。
- 結婚し、子どもを持ち、育てる。
- できる限り、他の人を喜ばせる。
- 期限までに支払いをすませる。
- 刑務所に入るようなことをしてはいけない。トラブルは避ける。
- できる限り、お金を稼ぐ。
- 服装に気をつけ、上手に遊ぶ。
- パーティーに行き、少しだけ飲む。
- 生活がうまくいくようなことを全部やる。他の人たちと一生懸命うまくやる。

これらのルールに従って、善人となり、他の人たちを喜ばせ、人生を最小限のトラブルでくぐり抜けて生きることはできます。

でも、ルールに従っているだけでは、「人生の目的」を持つことは不可能です。ともかく不可能なのです。

たとえば、ルールがあなたに次のように指示したとします。

「将来のために貯金しなさい。退職した時のことを考えなさい。その目的に集中しなさい」

それはそれで結構なことです。子どもが大学に行くことを想定すれば、確かにそうする必要はあるでしょう。でも、それはあなたに、「目的意識」や「人生の意味」を与えてはくれません。

もし、子どもたちを通して人生に目的を発見しようとすると、たとえすばらしい親であったとしても、必ず苛立ちを感じるでしょう。そもそも人は、他人の成功によって満足感を得ることはできません。ただ見ていることしかできないのですから、この地球上で、「自分がやっている」という感覚を持てないでしょう。

自分の「心の呼びかけ」に応えることが何より大切

目的意識は、「ルールが教えること」と正反対の学びからやってきます。私の使命の一つは、この問題についてみなさんの考え方を変えることです。**人生の優先順位の一位を、「自分の使命、心の呼びかけに応えること」にすべきだ**と、わかってほしいのです。

「もっともっと、たくさん」「もっともっとよく」という気持ちから離れた時、あなたはルールに従うだけの生き方を超越できます。外側のことに動かされたり、ヒントを得たりする代わりに、自分の「内なる合図」に従い、自分にとって正しいと信じることに耳を傾け始めているからです。

ルールに従っている時のあなたは、朝起きて、もう満足を感じなくなった仕事に出かけるでしょう。すでにその仕事に習熟し、やり方を知っていて、もはやそこに挑戦するものは何もありません。ずっと同じことをしながら人生を過ごし、一切の挑戦も創造もないとしたら、それは機械的な仕事や軍隊の反復訓練を繰り返すのと同じです。

連隊を組んで行進している兵士たちを想像してください。それがあなたの人生です。給料のために行なう仕事に、自動的に反応し続けるだけの人生に、あなたが望む心の平和はありません。

しかし、あなたが自分の目的に従う時、反復訓練の感覚はすべて消え去ります。

自分の個人的な使命に従う時のあらゆる危険性と責任について、不安があるかもしれません。危険を冒した人たちのほとんどは、それ以前よりもずっとうまくいっています。望んでいたわけではないのに、より多くのお金を手に入れています。健康状態も人間関係も以前よりずっとよくなり、人生で本当に大事なこと、たとえば愛する人と過ごすために、もっと時間を使うようになっています。

外側の動機だけに焦点を当てて、他人に追いつくために必死に人生を送っている人たちを、私はあちこちで見ています。そして思うのです。

「人生にはそれよりもずっと大事なことがたくさんあると、気づけばいいのに」

私たちは、自信を持って自分の夢へと向かう道に、焦点を移さなければいけません。

人生を「一篇の芸術作品」のように生きる

私たちのほとんどは、自分は何ものか、自分はどの程度よくやっているかを、非常に「人工的な基準」に基づいて決めています。要するに、

「どれくらいお金を稼いでいるか」

「人生でどれくらい物を手に入れたか」

「勲章をいくつ集めることができるか」

といったことです。しかし、これは私たちの人間性や、本当の意味で自分の人生を生きているかどうかを決める基準にはなりません。

私たちの文化が重視するものの一つは、「成果」です。人々はいつも成果を気にし、そのために競争します。

「どこまでたどり着いただろうか」

「どの地位まで達しただろうか」

「私が一番だと示すために、どんな賞を与えられただろうか」

といった具合に成果を気にするのです。


もう一つは「達成」です。

「仕事でどこまで昇進したか」

「仲間や他の人たちから、この会社での成績や地位を背景に、私はどのように見られているだろうか」

ということです。

人々が語るのはいつも業績、達成、成果についてであり、それらがあたかも「人生の究極の目的」であるかのようです。

一方で多くのことを成し遂げ、高い成果を上げ、多くの賞を手にした後で、人はすぐにそのすべてが空しいことに気づきます。自分はエゴの満足を追求し、可能な限り多くの物をため込めることを証明しただけだった、と感じるのです。

多くの人が陥ってしまう「強迫観念の罠」

「どれだけ人に奉仕したか」ではなく、「どれだけ多くを自分のために獲得したか」によって成功度が計られてしまうと、それは強迫観念になってしまいます。常により多くの物を手にし、高いレベルの仕事をしなければという信念の罠《わな》に、多くの人たちが陥っているのです。

確かにチャンピオンになれたら、すばらしいことです。しかし、それが二回、続いたらどうでしょうか？　次は三回続けなければと考えます。それは、敵を完全に打ち負かすことによって、です。しかも、これで十分ということはありません。

「自分はよくやっている」と思いたいがために常に自分の外側ばかりを見ていると、いつの間にか使命感も充実感も消えてなくなります。

そうではなく、**あなたの人生を「芸術作品」として、一瞬一瞬にひもとかれていく大傑作であるかのように生きる**としたら、どんなにすばらしいでしょうか？

私がやり始めたのは、それでした。

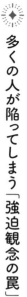

どれほど多くの物を手に入れたか、どこまで行けたかを私は気にしません。そうではなく、「人生とは、すばらしい芸術作品だ」と見なしています。この世界に貢献し、絶対的な理想を実現するため、そして私自身の人間性と生きる目的を明らかにするために、私は自身の人生を一つの芸術作品として練り上げていくことができるのです。

「人生を大傑作のように生きた、理想的な人」の例を挙げてみようと考える時、その人がどれだけのものを集めたか、銀行口座にどれほどの数字が並んだか、またはどれくらい速く走れるか、誰をその過程で打ち負かしたかなどは、全く考慮されません。

答えは「もっとずっと高いレベル」にあります。

イエス、ムハンマド、ブッダなどの人生を思い浮かべればいいでしょう。彼らは人間の心の力について、すばらしいメッセージを与えてくれる霊的な教師たちです。

マハトマ・ガンジーもいい例です。彼は大英帝国に従属していたインドの運命を、完全に変えました。しかも、争いや破壊によってではなく、非暴力と人々を愛することによって成し遂げたのです。彼は美意識と感謝の気持ちによって、インドの人々を自分の人生を生きる道へと導きました。

「ストレスでいっぱいの渦巻き」から自由になるヒント

私は成果を上げること、何かを達成することを見下しているのではありません。私もまた、これまでの人生で多くの成果を上げ、達成してきました。しかし、年月がたつにつれて、それらはどんどん意味を失いました。

それでも、私が次々に高次のものに同調するに従って、さらに多くの成果や達成がやってきます。まるで、私が何のためにここにいるのか、他の人に奉仕するためにこの人生をどう生きるかを、知っているかのようです。

いつも自分自身に関するスピリチュアルな感覚や、慈悲と思いやりと愛の意識を持ち、出会う人たちに親切にしてあげてください。あなたを襲う争いや困難は、「それらをどう乗り越えるかを学ぶためのいい機会」だと受け止めてください。

高いレベルの目的に到達するために、憎しみや怒りや苦痛を抱いたり、誰かを打ち負かしたりする必要はありません。

「使命を見つける」とは、あなたの「人生の役割を放棄する」ことではありません。「生活のために選んだことを捨てる」ということでもありません。

あなた自身のための**真の成熟**、**調和**、**平穏の中で**、**人生を展開させることができるとわかれば、人生は本当にすばらしい芸術作品になる**のです。

そうなるにしたがって、矛盾しているようですが、あなたが懸命に追い求めていたすべてのものが、あなたの人生にちょうどいい塩梅《あんばい》で姿を現わします。

あなたは成果を求めて競争する世界を捨て、降伏したのです——。でも、誰かに負けたということではありません。そうではなくて、多くの人が一生追い求めるものから、遠ざかることができたのです。

しかし、ほとんどの人は、

「私は成し遂げないといけない。成果を上げなければならない。一番にならなければならない。自分を証明するためには、誰かを負かさなければならない」

というストレスでいっぱいの、忙しい渦巻《うずま》きにとらわれています。

内なる調和を発達させれば、自分がどんな人間かを計るには、これらがとてもレベルの低い基準であるとわかるでしょう。

今やあなたは、もっとずっと大切なことに焦点を当てています。

それは**「人生の使命」**です。

どんな時も「今」「ここ」を楽しむこと

エゴに駆られた考え方から自由になるために、きちんと頭に入れておくべきは、「今」という概念です。

しかし私たちは、「今」にいるのが苦手です。まるで、その意味を知らないかのようです。なぜなら、自分の責任を心配し、規則に従うことだけで手一杯だからです。よき家庭人であること、毎日仕事に行くこと、代金を支払うこと、すべきだとされていること全部を行なうことに、一生懸命なのです。

それはそれで、かまいません。でも、私たちの情熱がそれで充《み》たされることはありません。

今に生きる時、あなたは今の瞬間を楽しむ自由を、自分に許すようになります。やらなければならないことがあるからといって、感謝や喜びを先延ばしするのをやめるからです。

すでに述べたように、お金、地位、昇進、受賞、その他の報奨は、本当の意味での「目的意識」を与えてはくれません。それらで家のローンを払い、棚に載せたり壁に掛けたりするものを買うことはできるでしょう。でも、そのどれもが、外側の動機の産物です。

あなたに目的意識を与えるものは、あなたの内にあります。つまり、自分自身についてどう感じているか、自分をどう評価しているか、そして、あなたがどれくらい成長し、世界を体験しているかです。

こうした事柄に意識を向けている時、あなたはもはや、自分の人生の使命を探しません。使命があなたを探し出すのです。幸せや成功と同じように、**目的とはあなた自身の本質**なのです。

何事も「四角四面」に考えすぎない

さて、目的地や計画もまた、誰にとっても大切なものです。ただ、ゴールに着くまでの一歩一歩はすべて等しく大切だということ、そして、修正できないほどに自分が決めた計画に夢中になってしまわないように、ということを憶えておきましょう。

たとえば、旅行に出る前に、あらゆることを計画して、すべての予約をすませたとします。しかし、いざ出かけてみると、そこがとても魅力的で、もう一泊したいと思ったとします。ここで、計画やゴール、目的にコントロールされていると、「もう一泊したい」という心の声を聞くことができません。このような時、あなたは自分で自分の人生をコントロールできていないのです。

もし、自分が心から望んでいるのに予定変更できず、柔軟に対処できないとしたら、それは不健全なことだと気づいてください。

「今」の瞬間を生きるのであれば、計画を立て、ゴールを設定することに何の問題もありません。

もうずいぶん前のことですが、私は初めてマラソン大会に出場しました。その一年前から走り始めたのですが、その時は、ただ自分が毎日走れるかどうか、試してみたかっただけでした。まず一マイル半（約二・四キロ）走り、翌日たとえ、すねが痛み、息が切れても、また走ろうと決めました。その次の日も、その次の日も、走ったのでした。

三、四週間後、一マイル半ではなく、私は二マイル（約三・二キロ）走りました。自分でゴールを引き上げたのではなく、身体がもっと速く、もっと長く走ることを許したのです。それは、とても自然なことでした。

私は、その日の自分にふさわしいゴールを設定して走るプロセスをずっと続けました。それは今の瞬間に生き、自分を楽しんで生きることでもありました。そのうち、自分のゴールは自動的に引き上がっていきました。そして一年たたないうちに、二十六・二マイル（約四十二キロ）を走るマラソンのスタートラインにいたのです。

その一年前にあなたがもし、

「ウエインさんはマラソンを走れる」

と言ったとしたら、私はこう思ったでしょう。

「二十六マイルも走りたい人がいると思うなんて、あなたはおかしいですよ」

「ちょっと困った問題」を解決する賢い方法

ところで、私はそのマラソンを三時間半で走り切りました。二時間で走るのをやめてしまった人がいたと聞いて、信じられませんでした。私は自分自身にこう言い聞かせていたからです。

「もし、出場して三時間半で走ったら、何かを得るだろう。二時間でやめてしまうことは、誰でもできる」

ちなみに、私はそのレースで誰よりも長い時間を走りましたから「勝った」と思いました。すべては物事に対する態度の問題です。すべてはあなたが何を信じるかなのです。

たとえば、あなたが体重を減らしたい、たばこをやめたい、悪い癖をやめたいと思った時、その問題を解決する唯一の賢い方法は、自分自身に向かって、

「今日、一日だけ、砂糖を食べません」

「今日だけ、二十四時間、たばこなしで過ごします」

と言うことです。誰かが、

「本当にそんなことできますか？」

と聞くなら、私は、

「もちろん、誰だって一日はできます。そんなに大したことではないでしょう？」

と答えるでしょう。

こうして一日二十四時間をやり過ごせば、あなたは新しい人間になります。

欲望に駆られて、

「私はともかく明日だけは甘いものを食べたい。自分のことだもの。大きなサンデーを明日の夜に食べたくなるのだったら、どうせだから今夜も食べようか」

「私は残りの人生ずっと、サンデーを食べることができないというの？」

などと、自分に言ってはいけません。こう思ったが最後、あなたは冷蔵庫に突進してしまいます。その代わり、一日の終わりにこう言ってください。

「自分の身体に二十四時間、アイスクリームを入れない歴史をつくりました」

「自分の身体に二十四時間、ニコチンを入れない歴史をつくりました」

その一日の後、あなたは違う人間になったのです。その新しい人間に、もう一日やりたいか、決めてもらいましょう。

今、たばこやサンデーを欲しいと思っている時に決めてはいけません。その直前の二十四時間、成功した時に決めるのです。そして翌日、あなたは四十八時間に及ぶ成功の歴史を手にすることになります。そして、それが続いていくのです。

一度に一つずつ対処していけばいい

毎日、新しい人間になれる力をあなたは持っています。信じられないなら、アルコール中毒から立ち直るためのグループにいたことのある人に聞いてください。彼らは「一日一歩」というスローガンを固く信じています。このスローガンと同じようにすれば、つまり、どんな問題に対しても、焦らず一日ずつ対処していけば、うまくいきます。過去も未来も関係なく、今日という日に大きな目標を持って生きられるのです。誰もが目標を持つべきであり、目標に向かって、あなたが今この瞬間にどれだけのことができるかが大切なのです。

毎日を、思い切り生きてください。やってくるかどうかわからない将来の何かを追いかけて、満足感や目的を先延ばしにしてはいけません。もし将来、その何かを手に入れたとしても、その時にはあなたは必ず、今とは全く別の人間になっているでしょう。これは最も理解しがたいことの一つです。つまり、遠い未来に自分の目標を設定すると、そこに到達した頃には、あなたは今の自分とは非常に違った人間になっているということです。

私たちには今生きている、この瞬間しかありません。今から五年先に期待をよせる時、たいていは自分がその時も今と同じ身体の中で、同じ生き方をしていることを前提にしています。

それは全くの思い違いです。なぜならば、未来は誰にも保証されておらず、過去はボートの航跡のように消えてしまうからです。

私たちが今の自分を生きることができるのは、「今」という瞬間だけなのです。

大切なのは「旅」であり、「目的地」ではない

幸せも成功も、共に心の中の概念であるように、満足感も心の問題です。必死で追いかけてきた目標を手にすれば、満足感を得られるだろうと考えていたら、あなたの人生は外部的な努力次第ということになります。

でも、あなたに必要なのは努力ではなく、そこに到達するための心構えです。

思想家のラルフ・ウォルド・エマーソンはこう言いました。

「瞬間を終わらせること、道の一歩一歩に旅の終わりを見つけること、たくさんのいい時間を生きること、それが智慧なのだ」

次の言葉もよくご存じだと思います。

「大切なのは旅であり、目的地ではない」

目標を実現していく道の一歩一歩を、ゴールに到達した瞬間と同じように味わうことが

大切だと知ってほしいのです。

「間違いから学べること」にも感謝する

努力だけにこだわっていると、限界のない人間にはなれません。いつか到達する目標だけにエネルギーを集中させていると、「もっと欲しい病」に苦しむエゴの強い人間になります。ゴールにたどり着いても、そこで何をすればいいかわからないでしょう。

やっと手に入れたものをどう扱えばいいかわからなくて、もっと上のゴールを設定します。設定した十万ドルのゴールを手に入れると、次は二十万ドル得る必要があると感じます。すると人生は、目標に到達するための闘い、苦しみ、努力に満ちたものになるでしょう。何とか「そこ」に到達した時、まわりを見渡せば、自分がすでに老人であることに気づいて、こう思うのです。

「私の人生は結局、何だったのだろう？」

あなたが真実と常につながっているならば、目標を追求することは何も間違ってはいません。真実とは、あなたが人生で持つことのできる、最も価値あるものです。

前にも言ったように、**「正直であること」「口から出た言葉が常に真実であること」、そして「あなた自身であること」**がとても大切です。

もし、失敗しても、それはあなたに価値がないことを意味してはいません。ただ、「失敗から学ぶべきことがある」というだけです。**間違いから学べることに感謝**しましょう。「私は失敗した、それで私はダメになった。私は結局、正直ではなかった」となげく必要はありません。

一杯目のコーヒーを飲みながら、二杯目のことを考えている人は、たくさんいます。前菜を食べながら、デザートまで食べられるだろうかと心配する人もいます。未来に起ることに集中しすぎて、「今、自分の前にある物事」を味わう余裕が持てないのです。

「今」という一瞬に心をときめかす

私たちにできる最もすばらしいことの一つは、今の一瞬から、常に最高の体験をつくり出せることです。

作家のフョードル・ドストエフスキーは、一八六〇年代の帝政ロシアに生きていました。

若かりし頃、彼は帝政打倒を試みていたモスクワの文学グループとつながっていたとして、訴えられました。

皇帝は、ドストエフスキーがこのグループのメンバーだと非難して、死刑を宣告しました。ドストエフスキーはモスクワの刑務所に入れられ、死刑執行の日、五人の男たちと一緒に、銃殺隊の前に引き出されました。最初の男は黒い布で目を覆《おお》われ、銃殺隊が発射した銃弾で殺されました。二番目の男も、同じように殺されました。三番目に立たされていたドストエフスキーは、その様子をずっと見ていなければなりませんでした。

そしてついに、銃殺隊はドストエフスキーの目を布で覆い、彼を撃つ準備をしました。歴史上、最も偉大な本を書いた作家であるドストエフスキーをです！　しかし、最後の一瞬、彼と他の二人の男は、死を免《まぬか》れました。なぜかわかりませんが、皇帝は十年間にわたる刑務所での強制労働によって彼らを罰することにしたのでした。

ドストエフスキーは「今」という一瞬の価値と、その一瞬に心をときめかす方法について、書き続けました。たとえば、死刑宣告を受けた時に入れられた独房で、一匹のゴキブリを見た時、彼にとってそれは嫌なものではありませんでした。そのゴキブリは、靴でつぶすのも嫌なほど汚《けが》らわしい虫ではなく、「奇跡」だったのです。

人生とは、あなたがいろいろな計画をつくるのに忙しい間に、あなたに起こってくることだ——という古いことわざがあります。実に正鵠《せいこく》を射た言葉です。

どこにいようと、人生の一瞬一瞬が生きるための奇跡だということを、私たちは理解しなければなりません。

未来の何かに奇跡を求めるのはやめ、「悟りへの道」の一歩一歩を楽しんでください。

練習問題

この章のはじめの部分に挙げた「規則のリスト」を、もう一度、読んでください。あなたの心に響くものはありましたか？　つまり、これまでの人生でこれらの「外側の動機」に駆られて生きてきましたか？

もしそうであるならば、代わりに何をすればいいのか、考えてください。それについて、日記に書きましょう。あなたが書くことが何であれ、それはあなたの「人生の目的」の方向を指し示している可能性があります。

第10章

「至福感」に浸るから幸せになれる

「ずっとやってきたこと」にしがみつかなくてもいい

私たちはみな、使命を持って生まれたのだと私は思っています。人はみな「悟りへの道」をそれぞれが学ぶべき事柄や課題を持って旅しているのです。

ある人たちにとって、「悟りへの道」を歩むのは、あっという間ですみますが、ある人たちにとっては長い時間がかかります。前者は「成長」に焦点を当てて、人生からできる限り多くを得ようとしますが、後者は、何回も何回も同じ体験を繰り返し続けるのです。

医者の友人が私に言いました。

「この仕事は、実に疲れて大変なんだ。疲れ切ってしまった。確かに、僕はたくさん稼いでいる。でも、本当はスポーツキャスターになりたいんだよ」

私はこう答えました。

「だったら、なぜそれをやらないの？　君は医者で、確かにそれは尊い仕事だけれど、やりたくないのに、なぜ、その仕事を続けているの？」

「僕はずっと前に自分が何になるか決めたんだ。それを今、変えることはできない。僕は医者だ。それが僕という人間なのだ」

「君が医者になると決めたのは誰なんだ？」

「僕が決めた。十八歳の時、そう決心したんだ」

「自分がこれからの人生でどの分野に行くべきか、ティーンエイジャーが行なう職業カウンセリングを、今の君は受けに行くだろうか？　十八歳の男のこうしろという忠告を信頼するだろうか？」

「まさか、もちろん信頼しないよ」

「でも、今、君がやっているのは、まさにそれではないの？」

この友人のように、自分で決めた職業に就いたものの、その仕事が好きではなかったり、もはややりがいも充実感も感じなくなったりしているならば、それを変えるという選択肢はあるはずです。

「ずっとやってきたこと」にしがみつく必要はありません。それは、ずっと昔に決めた選択にすぎません。そして人はいつでも、自分の決心を変える力を持っているのです。

人生の軌道修正に遅すぎることはない

たとえば、十八歳で医者になると決め、医科大学に入学してすぐ気持ちが変わっても、それはそれでいいのです！　それは必ずしも失敗ではなく、計画を変更することで、自分が本当に望む自分になるのを、ずっと早めてくれるかもしれません。

憶えておいてください。**失敗は、実はチャンス**なのです。すでに自分のためにならないとわかっていることを続ける代わりに、

「今、あちらの方向へと動こうと思う」

と言えばいいだけです。あとは正しいものを見つけるだけです。したくもないことをもう一秒でも続けたいと、どうして思うのですか？　自分の人生がどれくらい続くかは、誰も知りません。しかし、考えを変え、この本でお伝えするいろいろなテクニックを使えば、人生はもっとずっと意味のあるものになるでしょう。

ホームランを打ちたかったら、三振する覚悟も必要

「人生行路」を変えるというテーマを持ち出すと、あちこちから声が上がります。ほとんどの人は、

「はい、でも、私には責任があります。はい、でも私には借金があるのです。はい、でも……」

などと思っているでしょう。あらゆる種類の、**「はい、でも」**が聞こえてくるのですが、そのどれもが、怖れから発せられています。

しかし、私はここで「失敗する勇気がなければ、成功はおぼつかない」と、はっきりと言っておきます。

ベーブ・ルースは年間六十本のホームランを打った年に、八十九回、三振を喫《きっ》しました。

ホームランを打ちたかったら、三振する覚悟が必要なのです。

成功をめざす過程において失敗を経験することで、自分がどこにいて、自分の道をどのように歩いているかを知ることができるのです。

これは、誰よりも優秀になることに焦点を当てる必要がある、という意味ではありません。他のすべての人を打ち負かして勝たねばならないとしたら、あなたは必ず敗者になります。どんなに優れた人でも誰一人として、他のすべての人を常に打ち負かすことはできないからです。

自分がどの程度うまくやっているか、肩越しに振り返って他人と見比べなければならないとしたら、誰かの行動が、あなたを決めることになります。限界のない人間は、自分がどれほどかを知るために、肩越しに他人を振り返ったりはしません。彼らは言います。

「あれが彼の走り方なのか。あれが彼らの音楽なのだ。でも、それは私とは関係ない。私がどこにいるかは、私が決めることだ」

競技や仕事などで競争するのが悪いのではありません。ただ、その目的は、自分が何者か、自分にどれほどの価値があるかを評価することではなく、他人と較べて、自分の技術がどの程度かを知ることにあります。それを忘れないことです。

そして、負けてもかまわないと考えることも、とても大切です。勝利からは多くを学ぶことはできません。しかし、何かで失敗したり何かを失ったりすると、それは成長の機会を与えてくれるすばらしい体験となります。

「他人の言葉」に左右されない勇気

もう一つの怖れは、

「私は好かれていない。誰も私を認めてくれない」

というものです。

目覚めた人たちは、他人の言葉に自分の人生を左右されたりはしません。そんなことは気にもかけません。代わりにこう言います。

「私は自分自身の内なるサインの言うことだけに、意識を向けます。他人を傷つけず、他人が自分で選んだ人生を送る権利を侵害しない限り、私は何でもできるのです」

それが唯一の道理なのです。


もし、あなたが他人が言うこと、考えること、感じることなど外側の物事をベースに生きようとすると、必ずそれを嫌う人々が現われます。すべての人を喜ばせることなどできません。

また、偉大なアイデアを導き出すのは、革新的な人々です。**「革新的な人」とは、物事を人と違うように行ない、すべての人を喜ばせようとはしない人たち**です。

もし、あなたがみんなを喜ばせようとしたり、みんなと同じようにしようとしたりすれば、あなたが提供するものは個性のないものになってしまいます。

「自分だけの特別な何か」を持つべきです。

そもそも完璧にあなたを理解する人は誰もいません。なぜなら、あなたは特別で個性的な人間だからです。誰も自分と同じ目線で、自分と同じようにものを見ることはできません。あなたの人生には、自分というただ一人のボスしかいません。

鏡の中から自分を見つめている人こそ、日々、あなたが本気で向き合わなければならない人なのです。

心配事のほとんどは起こらない

もし仕事に不満を感じているならば、最初にすべきことは、**仕事に対する態度を変える**ことです。限界のない人はたとえ独房に入れられても、その機会を自分のために上手に使います。

一枚の葉っぱ、一筋の太陽の光、パンのひとかけら、人から聞いた素敵な話など、彼らはその一瞬を受け取り、それを糧《かて》に生きることができたのです。

絶望的な状況にあっても、人は楽しみを見つけられるのですから、あなたが仕事に対する態度を変えて状況をよりよいものにすることが、できないはずがありません。今の仕事に前向きになれば、昇進したり新しいことを始めたりするチャンスは、ぐっと増えるでしょう。

仕事への態度を変えようと試みたのに目的意識を持てない時は、危険を冒すべき、つまり転職するなど大きく環境を変える時です。これについては、「違う人生を選択したら災難がやってくる」と主張するような他人ではなく、「自分自身」に相談してください。

たいていの不安は「頭の中」にあるだけ

小説家のマーク・トウェインはこう言いました。

「私は老人で、これまでの年月、たくさんの心配事を抱えていたが、そのほとんどは一度も起こらなかった」

あなたが怖がっているものも、危険を冒したらふりかかるに違いないと思っている災難も、あなたの頭の中にあるだけです。

不安にさいなまれている暇があったら、新しい仕事に挑戦する、恋人と別れる、どこか別の場所、別の国に引っ越すなど、ずっとやりたかったことをしてください。最初は苦労するかもしれません。お金を十分に稼げないかもしれません。しかし、それはチャンスなのです。

私は以前、大学教授かつセラピストとして、数多くのワークショップをニューヨークで開いていました。

有名な大学で安定した地位に就いてはいたものの、自分の貴重な人生を知らない人たちのために使うことは、私が本当に望むことではありませんでした。当時の私を知っている人は、私が講義のたびに、こう宣言していたことを知っているでしょう。

「私は書きたいし、多くの人々に話したい。テレビにも出たい。私はこれを実現したい」

私はたくさんの人たちから、

「今、世間が最も必要としていないものは、もう一冊のセルフヘルプ、自己啓発の本だ。もうこれ以上、我々に何をすべきか話をする心理学者は必要ない」

と聞かされました。でも、私は気にもしませんでした。

「一夜にして成功する」ために努力したこと

『自分のための人生』を書きあげ出版してから、私は出版社から「重版はできないだろう」と言われました。それを聞いた時、

「初版で売れ残ったものを全部、私に送ってください」

と頼みました。そして、ある日二千冊の本が我が家の車庫に届きました。つまり、初版は売り切れたのです。買ったのは私ですが、それでも完売したわけです。

本を買い取るためにいくらかお金を工面しなければなりませんでしたが、夢を叶えるためには、何でもやってみるつもりでした。そこからは、一度たりとも揺らぐことはありませんでした。

私がラジオに出演すると、

「どこでその本を買えますか？」

と聞かれました。私は行った町周辺にあるすべての書店のリストを持っていたので、

「あそこの書店でも、ここの書店でも買えますよ」

と教えました。しかし、書店が本の注文を受けても、もちろん在庫はありません。私は小型トラックに『自分のための人生』を積んで書店に行き「何箱か置いていきましょうか？　もし売れなかったら、私に送り返してください」と伝えました。こうして私は、本を売り切ったのです。

私はアメリカ中の町から町へと車で出かけ、数え切れないほどのインタビューを受けました。お金もたくさん、使いました。「トゥナイト・ショー」に出演するために何回も自

分から売り込み、ようやく「出演できます」と連絡をもらいました。本はそこから売れ始めたのでした。

その後、何度も何度も私が聞かされた言葉を知っていますか？

「おやまあ、あなたは幸運だね。いい時に出てきた。物事が本当にうまくいったのだね」

「一夜にして成功する」ために、私がどれだけの努力をしたか、誰も理解していないようでした。

「変わること」を怖れない、面倒くさがらない

残りの人生を終身教授として過ごすチャンスと社会的な安定を捨てて、本を全国で売り歩くようになった時、

「お前はおかしい」

と、みんなが言いました。でも、私は他人の言うことは一切聞きませんでした。ただ自分自身に耳を澄ませていました。

私の内なる合図は、何があってもこれが今、私のしなければならないことだと、指し示していました。「自分にとって正しい」とわかっていることをやめることなど、私にはと

てもできなかったのです。

ものを書くことは、常に私の本質でした。本が売れるかどうかは関係なく、私は書くことを愛しています。書いている時、私はとても充実感を覚えますし、自分の足跡をいつまでも残せると知っているのです。


皮肉なことに、私が最終的に教授の仕事を辞めて、自分が信じ、愛していることをやり始めると、最初の一年でそれ以前の三十五年間で得た以上のお金を手にしたのでした。

そうです！　たった一年でです。

それは特別の幸運に恵まれていたからではありません。むしろ、私は他の人よりも恵まれていませんでした。私は極貧の中に生まれ、何年も里親の家や孤児院で育ちました。あらゆることをして、自分の道を自分で獲得し、切り開いていかなければならなかったのです。

それは、私が自分の夢に向かって自信を持って突き進んでいたから、できたことでした。

私はそれに挑戦し、自分が創造した人生を生きてきたのです。

勇気を出して「好きなこと」をやろう

先日、インディアナの工場で働いている二十九歳の青年と話をしました。彼は、自分が本当に愛しているのは、自分の果樹園とそこにある三百本の林檎《りんご》の木なのだ、と教えてくれました。

彼は林檎の様々な品種について、どのくらいの量の水をやる必要があるか、どこに植えればいいか、いつ収穫すればいいか、どの農薬が安全でどの農薬が危険かなど、たくさんのことを知っていました。

彼は林檎について楽しそうに話しているのに、生活の九九パーセントを好きではない仕事に費やしていたのです。

「君の幸せは果樹園なのだね？」

と私は聞きました。

彼の顔に大きな笑みが広がりました。

「ああ、そこが本当に好きです！　まるで、神様と一緒にいるように感じます」

「他の仕事をしないですむように、うまくやる方法はないのだろうか？　そうすれば、君の本望ではない人生を過ごさずにすむよね。君は、今自分がやっていることは大嫌いだと、いつも思っているだろう？」

「わあ、果樹園で生計を立てるなんて、考えたこともありませんでした」

「誰かが林檎を買ってくれないとね。アップルソースやアップルパイもつくらないとね。もし、君が自分の至福が何かを知っているなら、それを追求するには、少しリスクを冒せばいいだけだよ。どうしてそうしないの？　なぜ自分を制限するのかな？　自分にチャンスを与えてはどうかな？」

私がこの青年に伝えたかったことは、

「君がやっていることを愛しなさい、そして君が愛していることをやりなさい」

ということでした。

そして、それは誰もができることなのです。

「想像した未来は実現する」という宇宙法則

あなたがやっていることはつまらないことだなどと、私は思いません。でも、もしあなたがそれを嫌っているとしたら、他に選択肢はあります。

最初の選択は、神話学者のジョーゼフ・キャンベルの言う、いわゆる「あなたの至福に従って」リスクを冒すことです。

もし、リスクを冒したくないなら、態度を変えるという選択もあります。林檎を愛する青年は、

「わかりました。僕は六時間か八時間だけ、工場で働きます。その後、すぐに林檎園に行きます」

と言って態度を変えました。組み立て工場での仕事にネガティブな態度を持たずにいられれば、もっと楽しむこともできます。

最初はしっくりしないと感じるかもしれませんが、大丈夫です。あなたを愛する人たちは、あなたが自分の内なるサインに相談し、自分がすべきことを行なうのを支持してくれ

るでしょう。そして、幸せに生きるためには、たくさんのものも蓄えも必要ないことがわかってくるはずです。

危険を冒さずには成功できません。自分の成功を想像し、その想像した未来は実現すると信じて、その他の想像を頭から追い出してしまえば、成功の想像はあなたの中に深くため込まれます。その想像に導かれることで、成功は実現可能となるのです。これは宇宙法則です。

あらゆる障害は、その時に行なうべき変更や調整をするチャンスだと思えば、次第にリスクはリスクではなくなります。ただ、道を歩み始めたばかりの人たちにとっては、危険に感じられるだけです。彼らはすべてがどれほど簡単で、どれほど完璧か、発見し始めたところだからです。

先に進めば進むほど、危険は少なくなります。人生から制限が外れていくと、自分の失敗も、他人がどう思うかということも、自分のしていることが時代に合っているかどうかも気にならなくなります。

そして、**あるべき自分でいることが、ずっと簡単になる**のです。

「やってみよう」ではなく、ただ「やる」

たとえ危険を冒してでも、自分がなりたいものになろうと追求するのは、すばらしいことです。どうすれば成功できるかはまだわからなくても、まだ先は見えなくても、ただ前に進むように自分を鼓舞しなければなりません。

「それをただ、やる（do）」ことが必要です。**「やる」（do）**、という言葉がキーワードです。目の前のテーブルにペンを一本置いて、

「さて、私があなたにしてほしいことは、このペンを取り上げようとする（try to）ことです」

と伝えたら、何が起こるでしょうか？　あなたはペンを取り上げるでしょう（do）。取り上げようとする（try）のではありません！

どんなことも「やってみようと思う」だけでは、しないのと同じです。「しようとする」のではなく、「行なう」（do）ことが大切なのです。勇気を出して自分のしたいことをした時、あなたは人生の使命を果たすことになるのです。

「成長のためのスペース」を意識してつくっておく

以前、仏教とアジア宗教の専門家である大学教授の話を聞いたことがあります。

彼は、インドに住む禅の老師に会いたいという長年の思いを、やっと果たしました。老師は、とても高齢で温厚で親切でした。教授は老師に、禅と仏教について自分が知るすべてのことを話し始めました。

老師は、彼の話の途中で聞きました。

「お茶を一杯いかがかな?」

「はい、いただきます」

老師が茶碗を取り出して、茶托《ちゃたく》の上に載せ、お茶を茶碗に注ぎ始めました。その間も教授は話し続けました。

すぐに茶碗はいっぱいになりましたが、老師は注ぐのをやめません。教授が話している間、老師はさらに注ぎ続けたので、お茶は茶碗から茶托へと溢れ、さらに床にこぼれて教授の足もとにしぶきを飛ばしました。

ついに、教授が言いました。

「失礼ですが、茶碗はいっぱいですよ」

老師が答えました。

「あなたは、この茶碗のようです。あなたは自分が知っていることでいっぱいになっていて、新しいものを何一つ、取り入れる余裕がないのです」

私たちのほとんどが、この茶碗と同じです。自分が学んだすべての物事でいっぱいになっていて、他のものを入れる余裕がありません。新しいものはみな、外に溢れ出てしまいます。

この比喩を自分の中にも見出すことができれば、**初心者の目には何百万という選択肢が見える**ことを、あなたは理解するでしょう。一方、専門家の目には、たった一つか二つのことしか見えません。

思考の〝詰まり〟を除去する方法

たとえば、テニスを習う時のことを想像してください。一度もテニスをしたことがないなら、誰かがあなたにラケットを手渡して言います。

「では、ドロップショットをこのようにやってみなさい」

あなたはとても素直で、やる気があります。言われたとおり、ショットをあれこれ打ってみます。初心者は千以上の選択肢を持っていて、その全部を試そうとします。

しかし、上級者なら、ドロップショットの打ち方をすでに知っているでしょう。言い換えるなら、彼らは一つの方法しか知りません。これはテニスだけでなく、ビジネスや、夫婦関係や、あなたの人生のすべてのことに当てはまります。

いつも初心者でいてください。さもなければ、自分が知っていることや、それにまつわる否定的なこと――拒絶や批判など――で、あなたはいっぱいになっています。さらに自分の知識が唯一正しいと確かめるために、他の見方を否定したり、無視したりしているでしょう。すると、あなたの中に、新しいもの、楽しいもの、異なるもの、あなたを成長させるもののためのスペースがなくなってしまうのです。

自分自身が専門家の一人にならないように気をつけてください。専門家は、自分自身を制限します。自分自身を制限すると、自分の至福や目的を見つけられなくなります。

それはまるで、コレステロールで硬化した血管のようなものです。あまりにも詰まっていて、新しい血液はそこを流れることができません。ですから、自分自身の詰まりを除去する必要があります。そのために、自分を明け渡し、自信を持って前進し、自分にとって意味のあること、自分の気分がよくなること、誰かのためになることを行なってください。

「自分の喜び」を追求するほど熱意も湧いてくる

ヒンドゥー教の経典『バガヴァット・ギーター』は、

「偉大な学びの一つは、たとえ不完全であっても自分自身の仕事をするほうが、人の仕事を完全に行なうことよりも、どれほどいいことかを知ることだ」


と言っています。しかし多くの人たちは、その意味をわかっていません。

これは、あなたが自分の喜びに従うか、自分がすべきとわかっていることを追求しているかするならば、前進するうちに、あなたの熱意も湧いてくる、ということです。たとえ、他の人たちのようにうまくできなくても、または人が言うようにできなくても、あなたにとって人生は非常に喜びに満ちた、すばらしいものになります。

究極的には、喜びに満ちて自分のすべきことを行なうことは、誰かの仕事を完璧に行なうことよりも、多くの人々に奉仕することになるのです。

あなたが誰であるかを決めるのは、あなた自身がどう考えているかです。あなたは、自分が考えるとおりの人間になります。

このことを常に憶えておくことが、とても大切です。

他の人があなたに対してこうするべきだと考えていることを完璧にこなしても、あなたの心の中は嫌悪感、敵意、不調和でいっぱいになります。放置すれば、それらはどんどん広がっていきます。**自分の至福に従わない限り、あなたは本物にはなれません。**

私が自分自身に素直になったのは、長年続けてきた仕事を辞め、本気で自分が愛することを追求し始めてからでした。私の思考、スピリット、魂は今、至福の状態です。そして、心は平和です。

豊かさが雨のように降ってくる方法

「住宅ローンや光熱費、保険料を払わなければならない世界で、自分の喜びに従うのは実際に可能ですか？」

とよく聞かれます。そんな時、私はこう答えます。

「もし、あなたが豊かだと思うと、豊かさがあなたの人生に雨のように降り注ぎます」

また、これは、あなたが自分の生き方にどれほど中毒しているか、こうした支払いをしなければ生活できないとどれほど信じ込んでいるか、という問題でもあります。

ヘンリー・デイヴィッド・ソローはウォールデン湖のほとりで自給自足の生活を送っていた時、「簡素、簡素、簡素に！　あなたの仕事を百とか千ではなくて、二つか三つにしなさい、と私は言う」と書いていますが、あなたもそのような選択ができます。

支出という形であなたに課せられている、外からの圧力を減らしましょう。信じられないかもしれませんが、簡素な生活に戻るのはとても簡単です。ただ、生活がもっと簡素だった時期を思い出せばいいのです。それが一つの方法です。私は最近、この方法をどんどん実行しています。

もう一つのやり方は、今どの程度の収入があるとしても、自分自身が喜ぶ仕事でも同じだけの収入を得られると信じることです。それを信じて、それに伴う危険を冒すのです。

実際に生活費をまかなえるかどうかは、あなたのこれまでの人生を振り返れば答えを見つけられます。

もし、自分の生活費をしっかり支払ってきた人であれば、急に支払わない人になることはありません。しかし、これまで自分の生活費を支払ってこなかった人であれば、自分の至福に従うようになった時も、おそらく生活費を支払わないでしょう。

「これまでの自分」をもっと信頼してもいい

たいていの人々は、これまでの人生を振り返れば、自分が常に責任を負ってきたとわかるでしょう。それでも、これまでと変わること（自分自身が喜ぶ仕事をすること）で、無責任になるかもしれないというイメージが心の中に浮かびます。

責任を負ってきた今までの人生を信頼することをせずに、「もはやこうしたことができなくなる」という恐ろしいイメージに突然、脅かされるのです。

一方、人生で責任を取ったことのない人たちが無責任な生き方をしているのは、自分の好きな仕事をしているからではありません。それが彼らが学んだやり方だからであり、ライフスタイルだからです。

この手の人たちは、十四歳であろうが三十歳であろうが、請求書を踏み倒すでしょう。そして、自身の境遇や不運な出来事に文句を言い、自分の生活状況をそれらのせいにします。

一方、責任を取ってきた人たちは、何があっても自分の責任を果たすのです。

ガンジーは、新聞記者から、

「手短かにあなたの哲学を要約できませんか」

と問われた時、古代インドの宗教哲学書『ウパニシャッド』の文章を引用しました。

「手放し、そして楽しみなさい！」

これは、今の仕事を辞めなさい、という意味ではありません。こうすべきだという執着を捨て、ただ楽しみなさい、という意味です。あなたの至福に従いなさい、という言葉も同じことを意味しています。

そして、本当にやりたいことが人生に訪れるのを邪魔しているネガティブなものを流し去った時、あなたはやっと自分の至福が何であるかを発見できます。

どんな状況にあっても「答え」は自分の中に見つかる

至福に従うことは、

「言うは易《やす》し、しかし行なうは難《かた》し」

と多くの人が思っているようです。私に言わせれば、行なうのが難しくなるのは、あなたがそれを難しいと信じる時だけです。

仕事、人間関係、お金のこと、精神世界のことなど、あなたが人間として直面するあらゆる問題はなんであれ、あなたの中にあります。水が漏れている蛇口は単に水が漏れている蛇口です。それだけです。税務調査は税務調査にすぎません。それだけです。算数の試験に失敗した子どもは、算数の試験に失敗した子どもです。それだけのことです。

それを問題と思うから、あなたにとっての問題になります。

あなたが直面するあらゆる問題は、一つの例外もなくあなたの思考体験にすぎません。

あなたはそれを持ち歩き、それについて考え、それと共に眠りますが、問題はまだあなたの思考や思いの中にあります。

さて、問題を解決する方法は、自分の思考の使い方にあると受け入れたあなたは、次のように質問しなければなりません。

「どこに解決法があるのだろうか？」

水漏れしない蛇口や、子どもが算数でAを取ること、または税務署が税務調査を行なう代わりに税金の払い戻しをしてくれることが解決だと思うなら、それは勘違いです。

すべての問題は自分の中にあり、そしてあらゆる解決もそこにあります。自分の中にある問題の解決法を、自分の外側に求めることはできません。

「考え方」を変えれば、あらゆる問題は氷解する

ある男が鍵をなくし、街灯の下で探していました。彼の友達がやってきて、手伝いましょうか、と声をかけました。しばらく探した後、友達が尋ねました。

「どこで鍵を落としたの？」

「家の中で落とした」

「では、外で探すなんて、君は一体何をしているのだ？」

男が答えました。

「家の中には明かりがないんだ。だから街灯のあるここで探すことにしたんだ」

家の中でなくした鍵を、家の外で探すことにどれほどの意味があるでしょうか？　もし問題の解決策を外側に求めるなら、同じことが言えます。問題は内側にあるのに、街灯の下で解決策を探しても意味はありません。

問題を正す唯一の方法は、あなたの考え方を変えることです。そうすれば、やがて自分の内側に解決法も見つかります。

この考え方を受け入れるのは難しいだろうと思いますが、いかなる問題についても、解決策は常にあなたの考え方の中に見つかります。

至福を追求するためには、まず「それが自分にできる」と信じることです。「自分にはできない」と思えば、そのとおりになります。

「私が今、置かれている状況の中でも、私は自分の好きなことを喜びに満ちて行なうことができるし、今やっていることを好きになることもできる」と信じてください。自分の好きなことを行ない、今していることを好きになるための解決策もまた、あなたの中にあります。より幸せになるためには、決して外側を探してはいけません。

次に、考慮すべきいくつかの大切なポイントを挙げておきます。

1　自分の至福に従うことは可能だと信じる

好きなことができない、または、今やっていることを好きになれない理由は何でしょうか。何があなたを妨《さまた》げているのでしょうか。

これを千人に質問すれば、きっと九百九十九人は、

「今の仕事をすると、私はずっと前に決心したんだ。好きでないとしても、これは私が守ってきたものだ。家族が賛成してくれないだろう。そんな危険は冒せない」

と言うでしょう。私にはわかっています！

私が以前の生活を振り返ってみる時、浮かんでくる情景があります。私は教授としてもカウンセラーとしても一目置かれていましたが、やりたいことを犠牲にして、他人の仕事を完璧にこなしていました。自分の情熱と使命を追求してはいませんでした。

日々は同じことの繰り返しになり、退屈で、私の創造性を鈍らせました。そして耐えら

れなくなったのです。

そのうちに、私は至福の人生とはどんなものか、考えるようになりました。私は、毎朝起き上がり、背広を着る代わりにパジャマのままで、タイプライターに向かう自分の姿を思い浮かべ始めました。私にとって、パジャマのまま仕事をするのが、とてつもなく理想的だったのです。ベッドから転がり出てタイプライターに向かい、したいことをして、自由に生きる私自身を想像するのが大好きでした。

そして、いろいろなことをしている自分を想像し始めました。スケジュールに従って自分自身の言葉で書き、自分の仕事を発表する様子が見え始めたのです。


こうしたイメージを思い描けば描くほど、それは現実になり始めました。まだ私がやっていないのは、実際に行動を起こすことだけだったのです。この頃、毎日ロングアイランド高速道路を仕事のために往復することが、ますます苦痛に感じられるようになりました。

そしてある日、「もう、たくさんだ！」と思いました。大学に着くと、学部長室に直行し、辞任しますと告げたのです。

その日、帰宅する道中、仕事を始めて以来、最も平和な時間を過ごしました。目に映る世界が違いました。私はとても興奮し、喜びに満ちていました。ずっと欲しかった自由をついに手に入れたからです。その時に考えたのは、お金の問題ではなく、独り立ちして危険を冒すことについてでしたが、考え始めてすぐ、私は思いました。

「私は何とかうまくやれる」

2　大好きなことをして生計を立てるチャンスは必ずある

あなたに必要なのは「大好きなことをして生計を立てる」ことを実現するんだ、という決意です。あなたの至福が何であれ、どこかにそれで生計を立てている人がいます。それなのに決意できないのは、怖れがあるからです。

「多分、私は失敗するだろう。これはうまくいかないだろう。他の人たちは私を笑うだろう」と怖れています。

憶えておいてください。他の人たちの意見は、ただの意見にすぎません。

あなたは、誰か他の人の意見や意向に基づいて自分の人生の方向を決めたり、何かをやり始めたりしないレベルにまで、自分を高めねばなりません。

そして、何度も言うように失敗というものはないのです。それは単なる結果です。大切なことは、あなたがどんな結果を生むかではなく、**生み出した結果であなたが何をするか**です。ゴルフボールを打って、それが横に転がっていっても、それは失敗ではありません。結果を生んだだけです。

自分が生み出した結果で、あなたはいろいろなことができます。

「見た？　君に言っただろう？　僕はゴルフボールを打てないのだ。僕は運動が苦手なんだ。それが僕という人間なんだよ。僕には才能がないんだ。ずっとそうだった。それはどうしようもないのさ。それが僕の本質なんだ」

という言い訳を、二度とゴルフをしないために使うことができます。または、

「もう一度試そう。今度はどんなふうにスウィングしたか、見てね」

と言って、何回も何回も練習することもできるのです。

あなたは何事にも失敗はしません。すべてにおいて、結果を生むだけです。

3 もし、今やっていることを変えないのならば、今している仕事をとことん愛する

今の仕事を辞めたくない人もいるでしょう。そして、それは多くの場合、分別のある選

択です。これは、非常に理にかなった選択の一つです。

次のような、すばらしい禅の公案があります。


「悟る前、木を切り、水を運んでいた。

悟った後も、木を切り、水を運んでいる」


悟りとは、あなたが木を切り、水を運ぶかどうかとは、全く関係がありません。悟った人たちは、自分が何をやるかではなく、やっていることに対する考え方をどう変えるかが大事であると知っているのです。

至福を追求するために今やっていることを変えたくないのであれば、それに対する態度を変えてください。考えというものは、放っておけばどんどん大きくなります。もし、仕事がどんなに嫌いかをずっと考えていたら、嫌いという思いはみるみるふくれ上がります。

至福に従うとは、すなわち、

「自分のやっていることと恋に落ちなさい。そして、その思いや愛を売りなさい」

ということです。

大切な人や子どもたちを愛し、恋に落ちるように、自分がやっていることを愛し、恋に落ちてください。

そして、**あなたがやっていることへの愛、情熱、興奮、喜び、充実感など、愛に満ちて平和で高貴な思いを「売る」**のです。

私は、自分が書いたものを愛しています。私は本を売っているのではなく、情熱、興奮、世界に違いをもたらそうという心からの思いを売っているのです。

もし、あなたが歯医者であり、自分の仕事を愛し、その愛を売っているならば、あなたの仕事は情熱的で愛に満ちたものになるでしょう。人々はあなたの所に行って歯をきれいにしてもらいたいと思うはずです。

または、あなたが何か商品を売っていて、情熱と興奮に満ち溢れていれば、人々はその愛のまわりに行きたいと思うでしょう。あなたは愛を売っているのです。

さて、あなたは仕事をつまらないと感じていますが、退職まであと十年しかありません。そこで、仕事を続ける決心をしたとします。この時あなたがすべきなのは、態度を変えてその仕事の中に情熱を見出すことです。

「ああ、これをしなければならないなんて信じられない」

と言いながら、仕事に行くのはやめなさい。その代わり、

「この仕事をして私はお金をもらっている。これは私が生産しているものだ。これをつくった結果、私はたくさんの人々を助けている」

と言ってください。

もしあなたが組み立てラインで働き、何かのボルトを締めているならば、そのボルトを情熱と喜びを込めて締めなさい。そのボルトが人々の命を救うことを、あなたは知っています。ボルトがなければ、たとえばドアが落ちてくるかもしれません。そしてボルトを愛しなさい。


もし、それがあなたのやりたい仕事なら、それを楽しみなさい。もし楽しめないならば、あなたは行動を変える必要があります。

ここには二つの選択肢しかありません。仕事を変えるか、仕事のやり方を変えるかです。仕事の中に、いいものを見つけるのです。どんな仕事でも、またはあなたがやると選んだ何事にでも、それは応用できます。

「反発」を感じた時に試されていること

人生をより豊かにするための非常に簡単なルールがあります。

「あなたが反発するものはみな、あなたを弱くします。あなたが賛成するものは、あなたを強力にします」

あなたがすべきことは、何事にも反対しないように努めることです。職場のグチや、嫌いな人のこと、気になって怒りを感じる他人の振る舞いについてばかり話すのはやめること。あなたが反発するものはみな、あなたを弱らせます。あなたが求めているのは、あなたの至福を増やすことです。

怒りっぽくて意地悪な上司に反発していると、あなた自身も怒りっぽくて意地悪になります。もちろん、そんなことを望んではいないでしょう。では、どのようにすれば、自分が反発を覚えるものを、人生をより豊かにするためのものに変えられるでしょうか？

あなたの望みは、この上司と調和的な関係を持つことです。だから、そこに焦点を当てましょう。

「この状況は、私が望み、つくり出している。なぜならば、上司の振る舞いが私を怒らせるわけではないからだ。彼の振る舞いに、私がどう対応するかが問題なのだ。だから、私は違う対応をしてみよう。彼があんなふうに振る舞うのは、彼が成長の過程にあるからだと見なそう。それに反発するような対処の仕方はもうやめよう。彼の意地悪を静めるようにしよう。そんなことで私を怒らせることはできないと、彼に教えよう。私が望んでいるのは、二人の関係の調和だからだ。私は自分が望むものを諦めない。二人の対立を、どのように克服すればいいかを学ぶための機会として扱おう」

「闘いたくない人」にケンカは売れない

いつでも、自分が何を望んでいるか、何に賛成しているかを心に留めておいてください。

上司がネガティブな行動をするたびに、彼の怒りや憎しみや嫌みに心を乱されるのではなく、

「私は何を望んでいるのだろうか？　私は調和を望んでいる。どうすれば私はこの人に調和を送ることができるだろうか？」

という方向に意識を向けてください。

闘いたくない人にケンカを売ろうとしたことはありますか？　そうそうないでしょう。議論を拒絶している人と議論するのも、非常に難しいことです。

「反発」から「調和」へと自身の意識を移すことで、自分と相手との間に新しいものが生まれます。自分の望みを強く思えば思うほど、あなたは強くなります。相手に対する怒りや敵意を、喜びへと変えていきます。かかるのは、ほんの数日です。

抵抗を感じる、やりたくない、つらく感じる――こうしたことは、すべて合図です。あなたはそれを何とかしなければいけません。自分の視点を転換させて、反発していることを、賛成することや欲しているものへと書き換えることができます。至福こそが、そのご褒美《ほうび》です。

練習問題

直前の二章を読みながら、あなたは疑問に思ったかもしれません。「自分の至福とは何か、どうすればわかるのだろうか？」

もしそうだとしたら、まず理解すべきことは、「あなたは至福ではないことが何かを知っている」ということです。自分のハートに情熱の火をつけないものが何か、あなたは確実に知っています。

私はオプラ・ウィンフリーの言葉の一部を、この本のＰＡＲＴ３のはじめに載せました。

ここで、このテーマについて、彼女が語った残りの部分を引用します。

「あなたは自分が正しい道にいるかどうか、どのようにしてわかるでしょうか？　あなたが正しい道にいない時にわかるのと同じように、わかるのです。あなたはそれを感じます。私たちは、それぞれに偉大なことへの呼びかけを受け取ります。そして、あなたへの呼びかけは指紋と同じように、あなた独自のものです。だから、他の誰も、あなたにそれが何か、教えることはできません。……

あなたの命は毎日、あなたに話しかけています。それもいつも——そして、あなたのすべき仕事は自分の命の声に耳を傾け、合図を見つけることです。情熱があなたの感覚を通してあなたに囁《ささや》きます。そして、あなたを最善へと誘《いざな》うのです。エネルギーを高め、大いなるものとつながり、あなたに刺激を感じさせるもの——つまり、あなたに活力を与えるものに注意を向けなさい。あなたの好きなことをしなさい。それに奉仕の形でお返しをしなさい。そうすれば、あなたは成功よりもさらに上に行きます。あなたは勝利するのです」

日記に、この言葉から感じたことを、書きなさい。あなたの命があなたに語りかける時、その命の声は何と言っていますか？

第11章

自分の庭を耕しなさい

いつも快活な人は「悟りへの道」を進んでいる

ある日、私は学校から帰宅して、母に尋ねました。

「壊血病《かいけつびょう》の象って、何のこと？」

「知らないわ。何なのか、見当もつかないわ」

と母は言いました。

「先生が、『ウエイン・ダイアーはクラスの壊血病の象だ』って言ったんだ」

母が先生に電話すると、先生は言いました。

「いいえ、私はそんなことは言っていません。彼はクラスの困った分子だ、と言ったのです」

そう、私はいつも「壊血病の象」でした。詩人のE・E・カミングスの手紙にすばらしい一節があります。私に当てはまる言葉です。

「他の誰でもない自分自身でいることは――夜に昼に、あなたのすべてを他の全部の人と同じようにしようと努力している世界において――、人間にできる最も難しい闘いを行なうことを意味しています。そして、決して闘うことをやめてはいけません」

これは、他の何よりも、私の信念をうまく言い得ている言葉だと思います。世の中に立って、他の誰かに支配されていると感じずに、こうありたいと思う人間でいることの大切さを語っている言葉です。

幸せとは「心の中の概念」であり、手に入れることはできません。
永遠に探し続けることはできますが、決して見つけることはできません。
次の言葉を聞いたことがあると思います。
「私がどこへ行こうと、私はそこにいる」
あなたは、いつも向き合うべき自分自身と一緒だ、という意味です。
だから、**自分の内なる合図に相談することだけを大切にすべき**なのです。

「利己主義な人」と「自分の人生を楽しめる人」の違い

私の言っているようなことを書いた本は、「利己主義になることを指導している」という意見もあります。

しかしながら、利己主義は私が信じ、支持しているものから最も遠い概念です。どうすれば人生でそのように振る舞えるのか、私にはわかりません。

人を自分の利益のために利用していいなどとは思えません。もしそうならば、私の本のタイトルは、『他の人々をあなた自身の自己実現のための踏み台に使う方法』などとなったことでしょう。それは、私が信じるものとはかけ離れています。

私にとって、**人生で最も大切なものは、人生を楽しむ能力**です。

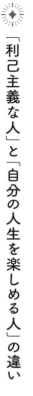

人生の楽しみ方を知っている人たち――日々を喜びと共に過ごす方法を知っている人々――は、最も利己的でない生き方をしています。

生活の楽しみ方を知っている人、人生のどんな状況もそのまま受け取り、ポジティブなものに変える方法を知っている人、決して落ち込まず他人の負担にもならない人――彼らは悟った人です。

そのような人に出会うと、彼らが他人を支配したり、人生を人のために犠牲にしたり、他人が自分をどう思うかを気にしたりする人たちではないと気づくでしょう。

あなたが毎日に喜びを得るようになると、あなたは誰の負担にもならなくなります。他の人の悩みの種になったり、負担になったりすることもなくなります。

そして、あなたが輝く光になった時、自分の人生を楽しんでいる時、努力せずとも利己的でない自分でいられます。あなた自身が「限界のない人間」の一例になることによって、他の人たちを助けているのです。

「問題」ではなく「解決策」を探すこと

すでに話したように、目覚めた人々は、「問題」ではなく「解決策」を探します。彼らは、「事情はよくわかった。状況を改善するために何ができるか考えてみよう」
というところに焦点を当てます。

しばらく前のことですが、とても失礼な客室乗務員に遭遇しました。彼女はなぜか、私の鞄《かばん》の置き場所について怒っていました。以前は私も下手な対応をして、相手の怒りに油を注いでいましたが、今は違います。すぐに、これは彼女の問題であって、私の問題ではないとわかりました。彼女が私に怒鳴った後、私は答えました。

「今日はあなたにとって、とても大変な日のようですね。多分、アメリカ中を飛び回っていたのでしょう?」

彼女はすぐに態度を和らげて言いました。

「そうなのです。二日間、一睡もしないで働いています」

「では、少し休んではどうですか？　私がこれをどかしますから」

そして、すべてはうまくいきました。

どんなに小さく見える出来事も、問題を注視するだけではなく、「解決志向」になることで物事が処理できることを示す一つの例になるでしょう。大切なことは、状況を穏やかにできたのは、私が一秒たりとも、問題を自分のものにしなかったからです。怒りは彼女の問題であり、私とは関係ありませんでした。

人生で遭遇するどんな状況においても、「解決策を探す」ことを常に念頭に置きましょう。自分の正当性を主張したり、勝つことを求めたりするのではなく、です。


甥《おい》のトムが我が家に泊まりに来た時、居間にマットレスを敷いて寝ていました。彼が起きると、私は、トムに言いました。

「トム、そのマットレスをどうにかしなさい」

「一番いいのは、トレイシーの部屋に投げ込むことだと思うよ」

と彼は答え、そのとおりにしました。月曜日も、火曜日も、水曜日も投げ込みました。

ここに来て、娘のトレイシーは忍耐の限界に達しました。彼女は、なぜトムがそんなことをするのか、私と話したいと言いました。

私は彼女に言いました。

「解決策を見つけなさい。問題を見つけてはいけないよ。月曜日、火曜日、水曜日はもう終わったんだ。君は我慢することで『マットレスを君の部屋に投げ入れていいよ』と彼に教えたんだよ。そうだとすれば、君は彼に何と言いたいのかな?」

「マットレスを私の部屋に置かないでちょうだい」

「いいね、では彼にそう話してきなさい」

彼女はそのようにしました。するとトムは言いました。

「わかった」

木曜日、彼はマットレスを私の部屋に投げ込み、私は彼を追い出しました。もちろん、トムを追い出したというのは冗談ですが、でも、私たちは最終的に、全員がうまくいく解決法を見つけたのでした。

「怖れのない人」の心に心配の入り込む隙はない

人と争うことや怒り狂うことに興味がない人とは、いさかいようがありません。争いはすぐに消滅してしまいます。彼らは、誠実であること、美しくあること、倫理的であること、個性的であることに刺激を受け、興味を持ちます。

このような人たちには、なかなかお目にかかれませんが、探せばコンビニにも、タクシーにも、待合室にもいます。

彼らは、哲学者や何か特別なことを成し遂げた人とは限りません。でも、彼らの近くに行くと、あなたはわかります。

彼らは、**生きとし生けるものすべてに大きな愛を持っている、怖《おそ》れのない人たち**です。今の一瞬に意識を集中し、今に生きています。そして、自分がどこにいたかにも、どこに行くかにも、執着しません。心配や罪悪感は、彼らの人生の一部にはありません。

そして彼らは、自分自身に次のように言い聞かせる高い資質を持っています。

「これは私のために意味を持っている。たとえ関係するすべての人から批判の矢が飛んでくるとしても、私はそれを行なわなければならない。なぜならば、私はそれが正しいと信じているから」

あなたは、「どうすれば、自分の中にこうした資質を持つことができるのだろうか」と思うかもしれません。その答えはもちろん、「あなたがそうするだけ」です。

「他人の庭」には鼻を突っ込まない

フランスの作家・思想家のヴォルテールは『カンディード』というすばらしい本を書きました。一人の男とそのパートナーの、自分自身を探す旅を書いたものです。彼らが到達した結論は、最後の一行にあります。

「私たちは、自分自身の庭を耕すことを学ばなければならない」

私にとってこの言葉は、最も深い意味を持つものの一つです。

自分自身の庭を耕し、他の人たちの庭に鼻を突っ込まないことを、あなたは学ばなければなりません。誰かが自分の庭にルタバガ（スウェーデンカブ）をつくろうと、あなたと違う肥料を使おうと、そこを雑草だらけにしようと、あなたには関係ありません。

大切なことは、あなたの庭をあなたのやりたいようにすることです。目的意識と自分の使命を育てながら、あなたが持っているものを受け取り、それを楽しみ、思いどおりの人生にすることを学んでください。

これは、あなたが学ぶことのできる最も偉大な秘密の一つです。他人に焦点を当てるのをやめて、あなた自身の庭に、育てたいものを育てましょう。

あるがままを受け入れる

「宇宙のすべてのことは、まさにあるべきようにある」

私はこの言葉をチベット仏教から学びました。そこにあるすべてのものは、そこにあるようになっています。その証拠はこうです。

「それはある」

それだけです。これは物事を変えることはできない、という意味ではありません。もしあなたが物事を変えられるならば、世界のあり方を怒ったり、鏡が映し出すものに文句を言ったりせずに、物事を変えてください。あるがままを受け入れた後、それをよくするために、できることをするのです。

一方、あなたは**自分のマインドから判断を取り除く**必要があります。

たとえ話をしましょう。年配の夫婦がビーチに出てきて言いました。

「あの子どもたちを見なさい。ビーチに行くのに、ほとんど裸も同然。そしてフリスビーを投げ、犬を連れて、バカ騒ぎしている」

これはすべて批判的判断です。二人は世界を見て、こう言っているのです。

「私はありのままの世界を受け入れない。違う世界が欲しい」

同時に、若い人々も年配の人々を見て言います。

「あの時代遅れの、しわだらけの年寄りを見て。流行の服を着ていないね。いつも僕たちに怒りをぶつけて、何一つ楽しみを持っていない」

これは、もっとひどい批判です。そこにあるものはみな、そうあるべきようにあるだけです。

「生き、そして生きさせなさい」という古いことわざを実行せずに、私たちは他人を批判します。そして物事のありように文句を言います。世界を批判的な目で見るのではなく、哲学者が好む次の質問を自分に投げかけてください。

「世界をありのままに見ていますか？　それとも、あなたの考えで見ていますか？」

もし、世界を自分の考えで見ているなら、あなたは、自分がそうあるべきだと思っているような世界であってほしいのです。もし、世界をありのままに見ているなら、あなたは世界をもっとよくすることができます。

「許しの力」は人生を根本から変える

一九七四年、私はとてもすばらしい体験をしました。

私は八歳の時からずっと、父親を探していました。いつも彼の夢を見ていました。父に会ったことはありませんでしたが、彼についての話を聞く限りでは、出会う人々に対して非常に冷酷で、父の人生はあらゆる意味で恥ずべきものであったようでした。

そして、私の中には父に対する怒り、痛み、そして苦しみがありました。そのために、父と話し合って、いろいろなことを明らかにしたいと強く思っていました。

「なぜ三人の子どもを捨てたの？　どうして妻を置き去りにして、しかも子どもの養育費を彼女に払わなかったの？　どうして自分を破壊するためにアルコールを飲んだの？　どうして人を殴りつけ、強姦し、妊娠させたの？　そして、母があまりにもつらくて話してくれなかったので、間接的に聞いた他の話についてはどうなの？　どうしてこうしたことを全部してきたの？　それには、どんな理由があったの？」

父が逃げたのは勇気の要《い》ることだっただろうと私は心のどこかで思っていたので、知りたかったのです。父は、そこにとどまって物事に直面できなかっただけかもしれません。私たちをあまりにも愛しすぎていたのかもしれません。でも、誰にもわからない。

人はわからないことを知りたいと思い、それについて考え続けます。私がそうでした。二人の兄は父について気にしておらず、私の探求に全く無関心でした。

ここで私は、とても大切なことをあなたにお伝えしたいと思います。

「自分が生まれてきた目的だ」とあなたが思うことと、「自分の人生」が一致すると、突然——それは本当に突然——あなたの目的があなたを捕まえます。

そして、誰にも止められないほどの勢いであなたは突き動かされ始めます。目的が何であれ、それがあなたの人生のすべてとつながり始め、すばらしいことが起こります。

そして、あなたが目的を生きる時、目的はあなたを我が物とし始めます。そうとしか、私には言えません。

私の父に対する苦しみ、痛み、つらさ、夢などは、彼が死んだとわかった後も、何年も続きました。遠い従兄弟《いとこ》が、父はルイジアナ州のニューオーリンズで亡くなり、遺体はミシシッピ州のビロクシに送られたと知らせてくれました。それが唯一の情報でした。

「自分たちを捨てた父親」の墓参り

一九七四年、私はニューヨークのセント・ジョーンズ大学の教授をしていました。合間に仲間の教育者を手伝って、いくらかの副収入を得ていました。そして、ある時ミシシッピ州コロンバスの大学へ来てくれないか、と依頼されたのです。一九六四年の市民権法に彼らが従っているかどうか、調べるためでした。私はそこで二日間、教室に座って監査をして、その後、報告書を送ることになっていました。

自分がビロクシからほんの四時間しか離れていないところに行くのを知った時、私は何十年も抱えていた疑問の答えを知る時だと、決心しました。

コロンバスまで飛行機で行き、大学での仕事が終わってから、レンタカーを借りました。そのレンタカーは、走行距離計によると、たった〇・八マイル（一・三キロ）しか走っていない真新しい車でした。私は不思議に思いました。

「どうやってこの車をここまで持ってきたのだろうか？　つまり、この新しい車はミシシッピ州コロンバスで、何をしているのだろうか？」

私には何もわかりませんでしたが、それを憶えていたのでした。

車に乗り込みシートベルトを締めようとしました。その当時のシートベルトは、今のような肩からかけるタイプではなく、腰のまわりにかけるものでした。シートベルトを取ろうとして下に手を伸ばしたのですが、見つかりません。そのため、私は文字通り、シートを車から外さなければなりませんでした。

ようやく見つけ出したシートベルトは、プラスティックに包まれていました。それを外すと、「キャンドルライト・イン――　ビロクシ、ミシシッピ州」という名刺を発見しました。その名刺をポケットに入れ、それ以降、名刺のことは忘れていました。

私はビロクシへと出発しました。途中でヒッチハイクをしていた移動労働者の青年を拾い、彼を送って少し寄り道をしました。ビロクシ郊外に着いたのは、金曜日の午後四時四十五分でした。私はガソリンスタンドに行き、電話ボックスを見つけ、電話帳を調べました。そこに載っていた三箇所の墓地に電話して、父が埋葬《まいそう》されていないか聞き出すことにしたのです。

最初の墓地に電話すると、応答はありませんでした。二番目に電話すると話し中でした。三番目に電話すると、しばらくして誰かが出てくれました。

「もしもし、私はウエイン・ダイアーと言います。メルビン・ライル・ダイアーのお墓がそちらにないか知りたくて、電話しました」

と私は言いました。

彼は調べます、と言ってから、かなり長く戻ってきませんでした。やっと戻ってきて言いました。

「はい、その名前の方はここに葬《ほうむ》られています」

心臓が胸から飛び出しそうにドッキンドッキンしていました。まるで長い旅が終わったかのようでした。

「わかりました。行き方を教えてください」

と頼むと、

「とても簡単です」と彼は答えました。

「キャンドルライト・インの敷地内にあります」

私はポケットに手を入れて、名刺を取り出しました。確かにそれは同じ場所でした。私はその墓地に行き、父の墓を見つけました。そこに立って、一度も会ったことのないこの人に向かって、ずっと語りかけました。

父との長い対話の中で、私は彼が行なったことのすべて——母に対する行為、二番目の兄のデイブに対する行為、長兄のジムに対する行為——を許しました。

私はもともと許しについて、考えていたわけではありません。それがどれほど大切なことかも、自分が許すべきかどうか等々も、何も考えていなかったのです。

しかし、私は許しました。父の墓の前で過ごした二時間半、私の頰《ほお》を涙が流れ落ち続けていました。それは「父を許すための時間」であり、「私の人生を変えた出来事」でした。

「恨みの気持ち」にしがみつくのはやめなさい

私はあなたに言いたいのです。

あなたが地球上の他の人に対して、どんな憎しみや恨《うら》み、怒りや痛みを持っているとしても——彼らが誰であれ、何をしたのであれ——、もしあなたの反応が有毒な恨みの気持ちならば、そこからあなたは決して自由になれません。

許しは、この世で最もすばらしい行ないです。

もしあなたが誰かに対する、または何かに対する痛みや傷にしがみついているならば、そのすべてを手放さなければいけません。

何も私と同じようにする必要はないのです。お墓を訪ねたり、電話をかけたり、誰かに自分が行なっていることを知らせたりする必要はありません。心の中でただ、

「愛はすべてを許します」

と言って、自分自身を浄化するだけでいいのです。

さて、これまで論じてきた「許す＝forgive」という言葉は、二つに分割して、for giving と書くこともできます。つまり、これはギフト、贈り物なのです。何も見返りを求めない、という意味です。

ビロクシでの体験の後、私の人生はとても明確になり、焦点の定まったものになりました。そして、私がどこへ行くかも明らかになりました。

私はすぐに『自分のための人生』の概要を書きました。それ以来、一度も父の夢を見ていません。父に対しても、父が行なったことに対しても、一瞬でも憎しみを持たなくなり

ました。

私は今、完全に父と和解しています。そして父がどこにいようと、彼に愛を送っています。すべては、そのままでいいのです。

そして私は、メルビン・ライル・ダイアーこそ、私の最も偉大な師だと思うようになりました。父を許すというこの体験なしには、私が多くの人々を助け、他の人々や自分自身のためにすばらしいものをつくり出す機会は、絶対に得られなかったでしょう。

私には、それがわかります。それが必要だったこともわかります。そして、私はそれを信じています。

重ねて、私はあなたにお伝えしたいのです。あなたの中に何があろうと、それは他の人がそこに置いたのではありません。あなたが、自分の中に持つと決めた結果、そこにあるのです。

すべてはあなたの選択である、ということに戻ってくるのです。

「手放す」と、その先にさわやかな世界が広がる

人生において、あなたが対立や争いを起こしたすべての人について、しばらく考えてください。二歳の時、お母さんとの間に起こったこと、お隣とのいさかい、恋人との争いなど、すべてを心の中で思い出しましょう。最も深刻なトラブルを起こした相手から、ちょっと迷惑だった相手まで全部です。

そして、彼ら全員に愛を送ってください。

あなたによくしてくれた人や、好ましい人に愛を送るのは簡単です。これは愛のテストではありません。

キリストが十字架にかけられた時、兵士が彼の肋骨《ろっこつ》に槍《やり》を突きました。その時、キリストは言いました。

「神よ、彼らをお許しください。彼らは自分が何をしているか、知らないのです」

自分はキリスト教徒だと言う人が、誰を憎み、誰を憎まないかについて私に話し出すと、私は尋ねます。

「あなたはキリスト教徒です。それが、あなたが自分につけた呼び名です。でも、あなたはキリストのようではありませんね」

これは、「キリスト教徒かどうか」ではなく、「キリストのように生きているか」を試されている、ということです。宗教の一員になるのは簡単です。自分をキリスト教徒と呼んで、日曜日に教会に行けばいいだけです。でも、それだけではキリストのように生きているとは言えないのです。

「憎しみ」はガンより悪質な牢獄

自分の人生に何かネガティブなことが起きたら、いつでも、その相手に愛を送る練習をすることです。たとえその人が、本当にひどい人であってもです。乱暴な運転をする人といった小さなことから始めて、職場で非情な策略を使った人、裏切った友人にも、愛を送ります。この作業を、あなたの生活の一部にしてください。

愛を送ると、それはより大きな愛になってどんどん戻ってきます。そして、あなたは自由になります。

なぜなら、憎しみを心に抱いていると、どのようなガンよりも悪質な害をなすからです。あなたが愛を送るまで、憎しみの感情はあなたを苦しめ続けます。愛を送れるようになるまでは、限界のない目覚めた人生を体験できません。


私もこの練習を、自分自身の人生で行なっています。

かつて私を訴えた人がいました。彼らは、私の地位を利用してお金を稼ごうとしました。私はその行為に怒り狂いました。

「この人は、なぜこんなことができるのだ？　この訴訟を起こした弁護士は一体どんな奴で、どんな生き方をしているのだろう？」

私は闘いましたが、その結果得たものは、自分が正しいということと、高額な訴訟費用と、何カ月も続く怒りと苦痛だけでした。そして、この相手に愛を送り始めた時、私はやっと、これはすべて、彼らの問題だとわかったのです。


東洋の哲学者なら、私が体験したことを、「自分が何者かを知るための試練だ」と言うでしょう。そこには学びがあり、苦しみの中に恵みを見出す必要がありました。

私が愛を送り始めると、いつの間にか訴訟は取り下げられていました。私は前よりも生産的になって、いいものが書けるようになり、気分がよくなりました。秘書までも、

「今のほうがずっと軽やかですね。あの問題がなくなってから、まるで空中を歩いているみたいですよ」

と言いました。

「無執着」という軽やかでクリエイティブな心の状態

私から借金して、何年も返さない人たちがいます。以前は本気で憤慨していました。

「こいつは何だ？　金を貸したのに、返さないなんて。盗んだのだ！」

今ではその怒りはなくなり、彼らに私の本を送っています。私は怒りを手放したのです。

もちろん、請求書の支払いをしないのは、よくないことです。私自身は、請求書が来ればすぐに支払います。でも、そうでない人もいて、私は彼らの振る舞いに支配されたくないのです。

彼らが借金を返さないことに怒りを感じるならば、彼らの行為が私の怒りの源です。そ

の時、私は他人の行為が自分の人生をコントロールするのを許していることになります。そんなことを私は望みません。

もし、あなたが同じ状況にいるならば、そこから抜け出す方法は一つしかありません。それは**「許し」**です。**怒りを手放す**のです。

忘れる必要はありません。許すだけです。彼らを呼び出したり、彼らに手紙を送ったりする必要もありません。ただ**「手放す」**のです――手放した時、その心の状態は**「無執着」**と呼ばれます。

もはやあなたは、その人の行ないを気にしません。執着を手放せば、あなたは本来の創造性豊かな天才に戻れます。「無執着」は、すばらしくうまくいく原則なのです。

「守る」より「手放す」ほうが人生がグンと豊かになる

ある友人の弁護士は、ひどい離婚訴訟の最中にいます。彼の妻は、子どもたちと彼の財産すべてに加えて、彼の法律事務所の半分を欲しいと主張しました。離婚理由は彼女の不倫であるにもかかわらずです。

友人とレストランで会った時、彼の苦しみがよくわかりました。彼はたった四カ月の間に十歳も年を取ったかのようでした。

彼はいかに自分が正しいか、いかに妻が間違っているか、私に一晩中話したがっていました。そして、彼女はこんなことをする権利はない、と言い続けました。

「よくも僕をこんな目に遭わせるものだ。彼女がこの男を僕の家に連れてきたのを知っているか？　ウエイン、君はどう思う？」

「君は正しくある必要があるんだね？」

と私は言いました。

「いいや、違う。ともかく、僕の言ったことを君はどう思う？　彼女はこんなことをする権利はあるのだろうか？」

「あるよ」

「あるって、どういう意味？」

「彼女はそうした」

と私は説明しました。

「彼女がしたことを、君はなかったことにはできない」

「では、僕はどうすればいいのだ？」

「彼女を許すべきだと思う」

「僕はすでに許している」

と彼は私に言いました。

「僕は彼女にすでにそう言ったよ」

「いや、君は彼女を許すために、彼女に何も言う必要はない」

と私は言いました。

「そうではなくて、手放すのだ。君は何を守っているの？　君は朝、ほとんど起き上がれないほどに、苦痛で弱っている。君の仕事もめちゃくちゃだ。君は落ち込んでいる。血圧は上がっている。食べてもいない。急激に体重も減っている。君は苦しんでいる。彼女を許す気がないから苦しんでいるんだ。それは彼女とは関係がないことだ。これは君の試練なんだ。

君の頭の中に入れたらと思うよ。そして、たとえ彼女が君にひどい振る舞いをしたとしても、彼女に愛を送ることがどれほど大切か、君に教えてあげたい。君はそうしなければ生き続けることができないからね。今、君が自分を殺しつつあるのは明らかだ。君が自分を殺すのをやめたければ、遅かれ早かれ、君は彼女を許さなければならない。

だから、すぐに決心してはどうだろうか？　君は彼女と婚姻関係を続けることも、何かをすることも、必要ないのだよ」

「金のことなどは、どうする？」

「いくらくらい彼女は欲しがっているの？」

彼は金額を囁き、私は言いました。

「それにもう少し足して、彼女にあげなさい」

「何だって？」

私は言いました。

「心配するな。君に返ってくるから。でも、彼女にもっとあげなさい。それも前払いするのだよ。もう君がこの結婚には興味がないことを、彼女にわからせるのだ。

そして、このことを言い回るのもやめるんだ。それから、許しを練習しなさい。すると、思ってもみなかった穏やかさと美しさと平和が、君の人生に見つかるだろう。それが君の目の前に現われるのだ。

君がしなければならないのは、許すことだけだ。それと、彼女は人間であり、間違いを犯したということを理解することだけだよ。君は犯さなかったが。

そう、彼女は間違っている。そして君は何も間違ったことはしなかった。そうした考えもすべて手放すのだ。

君の人生はずっと豊かになるだろう。もう、自分がいかに正しいか自分を納得させるために、今という時間を無駄にしなくなるからね。自分が正しいかどうかなんて、もはや大切ではなくなるだろう。**正しくある必要はもうないのだ。幸せになることが大切なのだ。**そして、幸せこそが、君が自分の中に持ち歩くものなのだよ」

もっと力強く、完全に自由な人間になるために

人は幸せと、成功と、満足を得るために必要なものをすべて持っています。あなたは、あなたを支配していた邪魔なものを手放すだけでいいのです。

監獄の格子《こうし》をつかんで、

「外に出してください！　出してください！」

と叫んでいる自分を想像してください。その格子の左右を見れば、そこには何もなくて抜け出せるのに、視野がせまくなっていて、真っ正面にある、自分が知っている物事しか見ていないのです。

自由に出入りできる独房で、格子につかまっているようなことにならないように、視野を広く持ってください。手を離して、ただ格子をよければいいだけです。

そうすれば、あなたは無制限の視野を持つ、完全に自由な人間になることができます。

幸せそれ自体が道なのです

幸せへの道はない、幸せ自体が道なのです。

この本で私が言いたかったことは次のことです。

あなたが誰であれ、あなたは自分の人生に責任を持ち、常に自分の本能を信じ、子どものようであり、創造的で、自分に意味のあることを行ない、ワシのように高く舞い上がり、自分の夢の人生を送ることができるということを学んでほしいと、私はあなたに望んでいます。

私自身はもはや、外部の物事に焦点を当てません。自分が行なっていること、信じていることに焦点を当て、自分の使命を生きています。そして、その他の物事は、すべてうまくいっています。ちゃんとうまくいくようになっているのです。

もし、立ち止まってそれに気づきさえすれば、すべては完全です。最も大きな自己破滅的な行動は、幸せの秘密を自分の外側に探すことだと思います。幸せへの道はない、ということを私は学びました。幸せそれ自体が道なのです。

練習問題

日記に、あなたが許す必要のある人たちについて書きましょう。また、どうすれば許せるのかも書いてください。

どのような方法を用いれば、あなたは自分の庭を耕すことができますか？　つまり、あなたの成長を邪魔していた否定的なものが一切、取り払われた、自由な未来を見通しましょう。

運《うん》のいい人《ひと》だけが知《し》っていること

著　者――ウエイン・W・ダイアー
訳　者――山川紘矢・山川亜希子
（やまかわ・こうや/やまかわ・あきこ）
発行者――押鐘太陽
発行所――株式会社三笠書房
〒102-0072 東京都千代田区飯田橋3-3-1
電話：(03)5226-5734（営業部）
：(03)5226-5731（編集部）
https://www.mikasashobo.co.jp
印　刷――誠宏印刷
製　本――若林製本工場

編集責任者　長澤義文
ISBN978-4-8379-5805-5 C0030